W0073299

Inhalt

Teil I

ZU NIEMANDEM EIN WORT

EINE BIOGRAPHISCHE REPORTAGE
VON SIMONE KOSOG

Als Konstantin und Kornelius zwei Jahre alt waren, fingen sie an Bach zu hören, und manchmal dachten ihre Eltern, die beiden würden nie wieder damit aufhören. Die CD mit den Brandenburgischen Konzerten in die Anlage und rüber auf die schwarze Ledercouch. Die Beine über die Lehne, den Kopf zur Seite. Und aus der schützenden Enge des Wohnzimmers wandert der Blick vorbei an Bücherwand und Blumenbank aus dem Fenster in Richtung Krüpelsee, an dessen Ufer das Haus der Keulens steht; in Senzig, einem kleinen Vorort Berlins. So konnten sie ganze Tage verbringen, begleitet von dem behäbigen Ticken der Zwanziger-Jahre-Standuhr.

Ihre Eltern hätten gerne gefragt: Warum ausgerechnet die Brandenburgischen Konzerte? Warum immer nur diese CD? Und wird das nun immer so bleiben? Aber ihre Söhne sprachen nicht, auch wenn sie eine Stimme gehabt hätten. Es sollte noch vier Jahre dauern, bis die Zwillinge ihren eigenen Weg finden würden, sich auszudrücken. Einen sehr eigenen Weg, hinter dem eine große Kraft stehen und der nicht nur ihre Eltern verblüffen würde. Der viele Fragen beantworten, aber gleichzeitig neue Rätsel aufgeben würde.

Dreizehn Jahre später erklärt Kornelius die frühe Vorliebe der Zwillinge für Bach: »ich denke, diese musik richtete sich genau an unsere wahrnehmung. erkenntnisreich ergaben sich neue seheindrücke durch die höreindrücke. töne richtigeindrücklich die welt, die wir erstmals bewußt farbig deutlich mit der musik verbinden konnten.

leicht erkundeten wir die welt in einer weise, die uns sicherheit bereitete. ein denkschema entwickelte sich entlang der gesehenen töne. ich erinnere mich, daß sicherheit
im äußeren und inneren leben, gerichtet durch die musik,
verläßlich vertrauen in unsere wahrnehmung brachte.«

Am Anfang entwickelten sich die beiden wie andere Kinder auch. Zwei hübsche, gutgelaunte Jungs,
die von ihrer Mutter die dunklen Locken und die
warmen braunen Augen geerbt hatten, deren Lachen
ihre Mitmenschen ebenfalls lachen machte und deren zwillingstypisch gleiche Erscheinung Außenstehende faszinierte. Nur ihre Eltern und ihr großer
Bruder Tobias konnten sie wirklich auseinanderhal-
ten. Kornelius, den etwas zarteren, Konstantin, den
kräftigeren, Kornelius mit der helleren Stimme, Konstantin dunkler, die Stimme, die Haarfarbe, die ganze
Ausstrahlung. Kornelius quirliger, extrovertierter, Konstantin verschlossener, ernsthafter.

Tobias war gerade zehn geworden, als seine Mutter
zwei Überraschungen verkündete. Die erste: ein Farb-
fernseher, damals, 1984, in der DDR eine kleine Sensa-
tion. Die zweite: der bevorstehende Nachwuchs. Tobias war von beidem begeistert.

Lebhaft legten die Zwillinge los, schauten sich
neugierig in der Welt um, fingen an zu krabbeln,
machten ihre ersten wackeligen Schritte, begannen
mit einem Jahr zu sprechen: »Mama«, »Papa«, »Bias«,
»Ball« und »Bahn«. Als sie zwei wurden, sprachen sie
immer noch: »Mama«, »Papa«, »Bias«, »Ball« und
»Bahn«, aber viel mehr kam nicht dazu. »Ich zuaufein-
anderabfolge große probleme mit dem sprechen tiefer
töne und hoher töne«, würde Kornelius zu einem viel

späteren Zeitpunkt erklären, kurz nachdem er und sein Bruder innerhalb eines Tages ihre Stimme gefunden haben sollten. Eine Stimme allerdings, die auf gesprochene Sprache verzichten würde. Konstantin: »leben ohne sprache läßt mir innere sicherheit, um komplizierte gedanken zu formulieren.« Aber davon wußten ihre Eltern zu diesem Zeitpunkt, 1987, noch nichts, damals konnten sie nur nehmen, was sie sahen. Daß die Entwicklung ihrer Kinder zögerlich voranging. Auch mit dem Laufen machten sie nur mühsam Fortschritte, so daß sich die Mutter, von Beruf Kinderärztin, allmählich zu sorgen begann und andere Ärzte um Rat fragte. Die beruhigten sie: »Das wird schon.«

Wurde es nicht. Über einzelne Worte kamen Konstantin und Kornelius auch mit drei Jahren nicht hinaus, und obwohl sie einerseits begeistert am Leben teilnahmen, jedem Vogel im Wald hinterherschauten und mit Vergnügen in ihre Umwelt eintauchten, waren sie andererseits bereits von schlichten Kommunikationsabläufen überfordert. So verstanden sie es offensichtlich genau, wenn ihr Bruder bat: »Hol doch mal den Teddy!« oder ihre Mutter fragte: »Habt ihr Hunger?«, aber trotzdem reagierten sie nicht.

Als sie vier waren, begannen die Untersuchungen. Die Eltern hofften, daß Fachleute ihnen weiterhelfen könnten, irgendeiner von ihnen. Für die Keulens ist dies eine Zeit, an die sie sich gar nicht gern erinnern, weil sie quälend war, verletzend, letztendlich ergebnislos und weil damals ein Kampf begann, der bis heute nicht aufgehört hat und der die Zwillinge ihr Leben lang begleiten wird. Immer wieder haben sie es seitdem mit Menschen zu tun, die an ihnen zweifeln, ihnen ihre Intelligenz absprechen wollen, weil ihr äußeres Bild so wenig zu dem paßt, was in ihren Köpfen steckt.

Die erste Station war die Berliner Charité, Abteilung für Rehabilitationspädagogik. Mit der S-Bahn fuhren sie hinein in die Stadt, eine leicht nervöse Mutter mit zwei vergnügten Söhnen. Bis sich die Tür zum Behandlungszimmer öffnete. »Da wurden die beiden zu den schönsten Verweigerern«, erinnert sich Silvia Keulen. Die Jungs spürten den Druck, wurden hektisch, ließen ihre Schultern hängen, verschlossen ihre Gesichter. Versperrten sich einem Test nach dem anderen. Sobald sie draußen waren, verwandelten sie sich wieder in die gutgelaunten Kinder der Hinfahrt.

Beim zweiten Besuch in der Charité war Silvia Keulen noch nervöser, beim dritten nahm sie ein leichtes Beruhigungsmittel. Diese Arzttermine rüttelten sie gewaltig. Jede der Untersuchungen endete gleich, so daß die Ärzte den Zwillingen am Ende einen Intelligenzschaden bescheinigten und die Mutter mitleidig anschauten, weil sie immer noch an ihren Kindern festhielt. Mit ernster Miene fragten sie Silvia Keulen, ob sie denn mit diesem Schicksalsschlag umgehen könne. »Ich habe gekocht vor Wut«, sagt die eher schüchterne, zurückhaltende Frau, die in den folgenden Jahren noch manches Mal gegen ihre Natur zugunsten ihrer Kinder an die Öffentlichkeit treten würde, mit Zähigkeit, Trotz und Durchhaltevermögen. Und immer wieder würde sie das Überwindung und Kraft kosten.

Sie selbst sah sich und ihre Familie damals ganz anders. Glücklich waren sie und zufrieden. Für die Ärzte nicht nachvollziehbar. Noch heute wird ihre Stimme schnell und hart und lauter als gewöhnlich, wenn sie von den Begegnungen in den Behandlungszimmern erzählt, und sie ahmt den hämischen Ton nach, in dem die Mediziner ihrer Phantasie nach hinter verschlossener Tür sprachen: »Ja, ja, die Mutter ... denkt, ihre Kinder seien was Besonderes.«

Auf Berlin folgte Paris, wo die Zwillinge nach der Tomatis-Therapie behandelt wurden, die auf der Annahme basiert, daß sich die kindliche Entwicklung entscheidend über das Ohr vollzieht. Drei Wochen lang bekommen Konstantin und Kornelius Mozart zu hören, mal wohlklingend, mal verzerrt. Gleiches gilt für die Eltern, die nebenan ebenfalls unter einem Kopfhörer sitzen. Die Keulens wechseln sich ab, die Hälfte der Zeit verbringt der Vater, Peter Keulen, im Pariser Behandlungszimmer, sein Bauingenieur-Büro bleibt solange geschlossen, für die andere Hälfte nimmt die Mutter Urlaub. Das Ganze kostet viel Geld und viel Zeit, und keiner weiß, ob es den Zwillingen weiterhilft, aber noch hofft die Familie auf Ergebnisse.

Auf Paris folgte Bern – eine modifizierte Tomatis-Therapie. Dann Schwarzenbek, nicht weit weg von Berlin, dann wieder Berlin, wo die Charité Konstantin und Kornelius zur nagelneuen Computertomographie bat. Wieder legte Silvia Keulen schützend die Arme um ihre Söhne, wurde zornig und griff empört zum Telefon: »Meine Kinder stecke ich da nicht hinein.« – »Sie haben uns vollkommen überrumpelt«, sagt sie heute. Zusätzlich zu all den selbstgewählten Untersuchungen kamen die offiziellen der Ämter und der Krankenkasse. Peter Keulen, ein ruhiger, gemütlicher Mann mit grauen Haaren, Hose, Hemd, Birkenstock-Sandalen, erinnert sich, wie die beiden einmal Bauklötzchen stapeln sollten. »Das war ihnen zu dumm, das würden sie heute noch nicht machen.«

Stop. In der festen Überzeugung, daß all die Experimente die Zwillinge letztendlich nur belasteten und noch mehr verwirrten, zog Silvia Keulen den Schlußstrich. Statt ihre Kinder zu weiteren Fachleuten zu schicken, setzte sie sich nun Abend für Abend an den Tisch und trainierte selbst mit ihnen. Ließ sie Gegenstände aus einem Sack heraussuchen und andere Aufgaben lösen. Jeden Tag um die gleiche Uhrzeit, immer zwanzig Minuten, und wenn die Jungs keine Lust hatten, bekamen sie es schon mal mit einer schimpfenden Mutter zu tun. Silvia Keulen: »Die Disziplin war für sie wichtig, aber von einem Fremden hätten sie die nie angenommen.«

Auch die Familie lernte dazu. Statt direkt nach einem Glas Wasser zu fragen, erklärte nun der Vater: »Ach, wäre es schön, wenn ich jetzt etwas zu trinken bekäme.« Schon hatte er sein Glas vor sich stehen – mit solchen Formulierungen konnten die Jungs umgehen; direkte Aufforderungen dagegen setzten sie nach wie vor unter Streß.

In dieser vertrauensvollen Welt machten die Zwillinge ihre weiteren Schritte. Zwar hatten sie nach wie vor Probleme mit den einfachsten Handlungen – noch heute werden ihre Hände zu Gummi, wenn sie ihre Schnürsenkel alleine binden sollen, und an manchen Tagen würden sie mit dem T-Shirt auf links gedreht aus dem Haus gehen, wenn ihre Mutter sich nicht einmischen würde –, aber sie lernten damals Schwimmen und Radfahren, sie spielten auf dem matschigen Weg zu ihrem Neubau Fußball mit dem großen Bruder. Wie andere Kinder auch. Sie überraschten Silvia Keulen damit, daß sie morgens, während ihre Mutter noch im Bett lag, den Tisch deckten – lange dachte Silvia Keulen, ihr Mann sei so aufmerksam. Sie fuhren alleine mit dem Ruderboot auf den See hinaus. Der Vater erzählt von einem Nachmittag, an dem Konstantin plötzlich nackt vor ihm stand. Da hatten die Keulens gerade Besuch, und keiner konnte sich erklären, was passiert war. Aufgeregt zog Konstantin seine Eltern am Ärmel in Richtung Ufer und deutete auf den See hinaus. In der Ferne lag das Ruderboot, mit dem der Junge hinausgefahren war. Offensichtlich hatte er es nicht geschafft, das Boot zu wenden und hat daraufhin wohlüberlegt seine Kleider ausgezogen, zusammengelegt, ist ins Wasser gesprungen, die ganze Strecke bis zum Steg zurückgeschwommen. »Daß sie nicht dumm waren, wußten wir von Anfang an«, sagt Johanna Richter, ehemalige Verkäuferin aus dem Ort, die tageweise auf Konstantin und Kornelius aufpaßte. Und die seitdem auf ihrer Seite steht. Immer wieder würden die Zwillinge in ihrem Leben auf Menschen wie Johanna Richter treffen, die, angezogen durch das Besondere der beiden, ihre Verletzlichkeit erspüren und für sie eintreten würden.

Konstantin und Kornelius mit fünf. Nebenan in Berlin fällt die Mauer, für die Jungs in ihrem Alter in ihrem Dorf nur ein kleines Geschehen. Kornelius erinnert sich später an die erste fahrt in den westteil von berlin mit papa. es ereignete sich nichts besonderes, ein ausflug, so ein normaler ausflug war es. Viel einschneidender war da der Entschluß ihrer Eltern, sie in einen Kindergarten für Schwerhörige in Frankfurt an der Oder zu schicken. Jeden Montag sollten sie dort anreisen und bis zum Wochenende bleiben. In der ersten Woche saßen sie eingeschüchtert in der Ecke; herausgelöst aus ihrer vertrauten Welt, kapselten sich die Jungs ab. In der zweiten Woche wurde es nicht besser, in der dritten rief die zuständige Psychologin bei den Eltern an: »Es hat keinen Zweck.« Also holten die Eltern ihre Söhne wieder nach Hause. Aber die Psychologin hatte noch etwas gesagt, das keinem der Fachleute bislang eingefallen war und das Silvia Keulen nun nicht mehr aus dem Kopf ging: »Haben Sie mal darüber nachgedacht, daß es Autismus sein könnte?«

Nur widerwillig setzte sich die Mutter mit dem Gedanken auseinander. Autistische Menschen waren nach ihrem Verständnis dadurch geprägt, daß sie sich der Außenwelt versperrten, keine Berührungen zuließen, keinen Kontakt zu ihren Mitmenschen. All das traf auf ihre Söhne nicht zu. In Urlauben waren sie es, die den Weg ins Hotel zurückfanden, wenn die Familie mal auf einer Wanderung die Orientierung verloren hatte. Zu Hause lebten sie nicht neben, sondern in ihrer Umgebung und eng mit deren Bewohnern. Einmal Vertrauen gefaßt, waren sie sogar überaus anhänglich. Noch heute greifen sie immer wieder nach der Hand ihrer Mutter, reiben die Köpfe an ihrer Schulter, wie es kein Gleichaltriger tun würde, schon gar nicht in der Öffentlichkeit.

Konstantin und Kornelius nahmen die Welt wahr, und zwar ausgezeichnet, das stand für die Eltern nie in Frage. Die Bestätigung bekamen sie später in vielfacher Ausführung. So schrieb Kornelius mit elf Jahren über sein Zuhause: fein ist unser haus. es blickt nach zwei seiten auf den see. es lobt sich durch seine ausgewogenheit. kunstvoll ist der garten mit kleinen hügeln angelegt. sträucher wuchern wild und leicht suche ich hier ruhe und frieden. dicht kann das glück hier sein, sicher und geborgen fühle ich mich. lichthaft lebt es sich hier und das schöne überwiegt so ganz und gar. auf immer will ich hier sein.

Und Konstantin nach einem Urlaub in Portugal: ... ich sah jedenfalls eine karge landschaft, die sichtbar ums überleben kämpft. auf dem äußersten punkt spaßig die lieblosen verkäufer von süßigkeiten und sachen. oasenhaft war es in dem kastel hoch über dem ozean. sachlich finde ich den äußersten punkt interessant. doch leben möchte ich dort nicht. wer so leben will, findet sich fies und sieht nicht die schönen sachen im leben ...

Obwohl also manches dagegen sprach, beschloß Silvia Keulen, die Probleme ihrer Söhne ab sofort bei diesem Namen zu nennen: Autismus. Tatsächlich steht der Begriff für zahlreiche Krankheitsbilder. In Deutschland leben etwa 35 000 Autisten, Jungen erkranken drei- bis viermal so häufig wie Mädchen; die Verhaltensmuster können ganz unterschiedlich sein. Manche Autisten sprechen, ein Drittel lernt es nie, manche sind apathisch, andere übernervös. Manche sind geistig behindert, andere leisten Außergewöhnliches. Selbst die größten Skeptiker der Zwillinge können nicht anders, als ihnen besondere Begabungen und einen scharfen Verstand zu bescheinigen. Die beiden schreiben ausgefeilte Gedichte, deren Worte klingen und deren Form sitzt. Sie schicken Briefe an den Physiker Stephen Hawking und legen ihm die Fehler seiner Theorie dar, und in einem Alter, in dem andere Kinder über Clowns lachen, schauen sich Konstantin und Kornelius Shakespeare-Dramen an.

Laut Prof. Helmut Remschmidt, Vorsitzender des wissenschaftlichen Beirats des Vereins »Hilfe für das autistische Kind«, ist frühkindlicher Autismus eine Störung der Hirnfunktion, die verschiedene Ursachen haben kann: Infektionen, Stoffwechselkrankheiten, Umwelteinflüsse, eine fehlerhafte Entwicklung des Nervensystems während der Schwangerschaft. Am häufigsten aber genetische Einflüsse. So liegt bei eineiigen Zwillingen wie Konstantin und Kornelius die Wahrscheinlichkeit bei achtzig Prozent, daß beide erkranken. Dennoch: auch sechzig Jahre nachdem der amerikanische Kinderpsychiater Leo Kanner den Begriff geprägt hat, weiß man nicht genau, wie die Krankheit entsteht.

Weil Autisten die Vielzahl ihrer Sinneseindrücke nicht richtig zusammenfügen könnten, seien sie unsicher, hätten Angst vor den Menschen, vor der Welt, sagt Remschmidt. Die Zwillinge schauen nur Personen in die Augen, denen sie vertrauen; spüren sie fremde Blicke, werden ihre leicht geröteten Wangen

noch roter, Kornelius dreht sich weg, und Konstantin steckt die Zeigefinger in die Ohren. Und stellt ein
Lehrer eine Frage, kann es passieren, daß er keine
Antwort bekommt, nicht einmal ein Nicken. Desinteressiert wirkt das, und auch wer die Hintergründe
kennt, ist nicht immer immun dagegen, dieses Verhalten persönlich zu nehmen und sich abgewiesen
zu fühlen. So wurde ein Grundschullehrer wütend,
weil die beiden nur einen flüchtigen Blick auf den
Atlas warfen. Verärgert forderte er sie auf, ihm die
Lage der besprochenen Länder zu zeigen. Wo liegt
Indien, China, Pakistan? Da und da und da. Zielge-
nau und ohne nachzudenken tippten die Zwillinge
mit dem Zeigefinger auf die richtigen Punkte. denken sie nicht, ich würde nicht aufpassen. ich passe immer
auf, schreibt Konstantin irgendwann an einen anderen Lehrer.

Um ihrer Welt eine Struktur zu geben, neigen viele
Autisten zu Stereotypien. Konstantin mußte lange
Zeit immer einen Flummi oder einen Tennisball in
der Hosentasche tragen, ließ ihn ständig in der Hand
rollen und wurde panisch, wenn ihn jemand daran
hindern wollte. Kornelius geht bis heute nicht ohne
ein kleines Stofftier, ein Schaf, einen Esel, in die
Schule. Es diene ihm als Talisman, erklärt er.

Obwohl der Begriff Autismus damals nur wenigen
Leuten etwas sagte, konnten die Keulens ab sofort
immerhin mit einem Begriff aufwarten, anstatt ihre
Kinder immer wieder mühsam neu erklären zu müssen. Etwas bekannter, fast ein bißchen glamourös,
wurde die Krankheit, als 1989 der Film »Rainman« in
die Kinos kam, in dem Dustin Hoffman den Autisten

Raymond spielt. rainman erteilt den menschen eine lehre über einen neunmalklugen bruder, der glaubt, den rainman einfach in seine welt ziehen zu können. reine wertvolle einteilige achtsame kontaktaufnahme ermöglicht dem bruder, den autismus zu verstehen und sie ermöglicht dem rainman, auf die welt zu reagieren. seine nichteinhaltung der regeln verbindet sich mit einem absoluten durchschauen der erteilten regeln der welt. er kann eindenklich jeden mechanismus durchschauen. ich finde einen feinen film haben sie gemacht. er erdenkt eine dichte einfühlsame parteinahme für die suche nach der chancengleichheit beider welten in ihrer durchdringung. gelingt diese, so entsteht etwas neues, besseres.

So, wie Kornelius Rainman charakterisiert, könnte er auch über sich und seinen Bruder schreiben. Über zwei, die die Welt permanent analysieren, die die Regeln bis ins kleinste erkennen, aber es nicht schaffen, sie zu befolgen.

Im August 1991 feierten die Zwillinge ihren sechsten Geburtstag, das Alter, in dem Kinder normalerweise in die Schule kommen. Für die Keulens stand außer Zweifel, daß dies auch für ihre Söhne gelten sollte, auch, wenn sie damit einen unbekannten Weg einschlugen. Bis dahin hatten in Deutschland noch wenige Autisten eine Regelschule besucht. Aber die Eltern waren sich sicher, daß Konstantin und Kornelius das Zeug dazu hätten.

So meldeten sie die Kinder am Förderzentrum für Hör- und Sprachgeschädigte in Potsdam an. Im kleinen Klassenverband sollten ihre sozialen Fähigkeiten gefördert werden. Nach wie vor sprachen die beiden nur hin und wieder ein paar Worte; da ihr Gehör aber offensichtlich in Ordnung war, hofften Eltern und Lehrer, mit der entsprechenden Hilfe mehr aus ihnen herauslocken zu können.

Der Beginn war schwierig. Um sie möglichst gut zu integrieren, setzte man die Zwillinge in verschiedene Klassen. Aufgeteilt in zwei Einzelmenschen, wurden sie jedoch eher noch unsicherer. Beide machten zu, zeigten keine Reaktionen auf die Bemühungen der Lehrer, und es sah so aus, als ob auch dieser Versuch, sie mit einem Kinderalltag zu verbünden, scheitern würde. Dann kam der Tag, an dem sich das Leben der Zwillinge einmal umdrehte.

Die Jungs waren gerade ein halbes Jahr in der Schule, als Silvia Keulen zu Hause ein weißes Blatt Papier auf den schweren Eichenschreibtisch im Arbeitszimmer legte, einem ihrer Söhne einen Stift in die Hand gab, seinen Arm umfaßte und ihn bat zu schreiben. Und der Junge: schrieb! Wenn auch auf eine ganz spezielle Art. »Ein unglaublicher Tag«, sagt Silvia Keulen.

Ein Jahr zuvor hatten die Medien den autistischen Jugendlichen Birger Sellin gefeiert. Als Birger siebzehn war, hatte seine Mutter als erste in Deutschland das »Gestützte Schreiben« ausprobiert, das die australische Pädagogin Rosemary Crossley bereits in den siebziger Jahren für Behinderte mit Downsyndrom entwickelt hatte. »Facilitated Communication« (gestützte Kommunikation), abgekürzt FC. Die Idee: Körperliche und emotionale Unterstützung soll innere Blockaden lösen, die die Behinderten am Handeln hindern. Dadurch, daß Crossley ihren Patienten die Hand auf den Arm legte, unter den Ellbogen oder auf die Schulter, sie also in irgendeiner Form berührte, gelang ihnen etwas, was sie alleine niemals geschafft hätten: Sie konnten sich verständigen. Manche teilten ihre Meinung mit, indem sie auf Ja-Nein-Tafeln tippten, andere konnten mit Hilfe der Unterstützung sogar schreiben. Viele der Behinderten hatten bis dahin nur anhand grober Zeichen kommuniziert, die Möglichkeit, sich nun zum ersten Mal in ihrem Leben differenziert mitzuteilen, war für sie überwältigend. Crossley selbst beschreibt die Bedeutung ihrer Methode so: »Unabhängige Kommunikation ist die beste Art der Kommunikation, aber selbst die schlechteste Art der Kommunikation ist besser als gar keine Kommunikation. Unabhängigkeit ist eine kostbare Fähigkeit. Kommunikation ist ein Menschenrecht.«

Auch bei Birger Sellin hatte die Methode Erfolg. Nachdem er fast zwei Jahrzehnte in völliger Sprachlosigkeit gelebt hatte, schrieb er all das auf, was er bisher mit sich selber ausmachen mußte. Texte, die teilweise erschütternd waren, geprägt von großer Einsamkeit und Verzweiflung und von Scham über seine eigene Krankheit. Als 1993 sein erstes Buch »Ich will kein inmich mehr sein« erschien, meldeten sich wie schon bei Rosemary Crossley Kritiker zu Wort, die in Frage stellten, ob die Texte wirklich von dem Jungen stammten und nicht vielmehr von der Mutter, die die Hand ihres Sohnes während des Schreibens geführt haben könnte. Eine aufgeheizte Diskussion, mit der auch die Zwillinge noch zu tun haben würden und auf die sie bis heute empfindlich reagieren, weil es sie frustriert, sich immer wieder rechtfertigen zu müssen.

Der unglaubliche Tag am Schreibtisch der Keulens; elf Jahre ist es jetzt her. Auch Silvia Keulen hatte von Birger Sellin und der neuen Methode gehört, schob sie aber weit von sich, ohne sich überhaupt damit auseinanderzusetzen. Ein dreiviertel Jahr lang lehnte sie sie kategorisch ab. Dann kam mit der Zeitschrift »Der Kinderarzt« ein Artikel über FC in ihre Praxis, sie riß ihn heraus, legte ihn auf die Seite. Einige Tage später wählte sie die im Beitrag angegebene Telefonnummer des Elternkreises autistischer Kinder – und legte beim ersten Klingeln vor Schreck wieder auf. »Mir war das irgendwie zu eng. Ich glaube, ich hatte Angst davor, daß zwischen den Kindern und mir eine lebenslange Abhängigkeit entstehen würde.« Eine Ahnung, mit der Silvia Keulen ziemlich richtig lag. Zumindest würde die Mutter ihr Denken und Handeln für eine lange Zeit stark auf ihre Kinder ausrichten, und diese wiederum würden nur unter ungeheurer Kraftanstrengung ihre Eigenständigkeit vergrößern können. Beide Seiten arbeiten noch heute daran.

Dennoch wählte Silvia Keulen die Nummer damals ein zweites Mal, bekam eine Mutter an den Apparat, die selbst betroffen war. Auf Silvia Keulens Ängste antwortete sie mit Geduld, auf ihre kritischen Fragen mit Argumenten, aber als ihre Zweifel überhaupt nicht aufhören wollten, antwortete die andere Frau schließlich ungehalten: »Wenn die Kinder alleine schreiben könnten, müßten wir sicher nicht so einen Aufwand betreiben!«

Silvia Keulen hat den Hörer aufgelegt, Papier und Stifte geholt und einen ihrer Söhne an den Schreibtisch gesetzt. Sie hat seinen Arm genommen, ihre Hand stützend darunter gelegt und die erste Frage gestellt, irgendeine Frage: »Kornelius, wieviel ist zwei mal zwei?« Und Kornelius schrieb. Ungeübt, langsam, aber ohne zu zögern: »vier«. »Konstantin, wieviel ist sechs durch drei?« Und Konstantin schrieb: »zwei«. Sie habe richtig gespürt, erinnert sich die Mutter, wie sich der Arm auf einmal bewegte, wie die Hand aus eigenem Impuls zu schreiben begann. Was für ein Moment!

Die großen Themen kamen später. In der Euphorie des Augenblicks fragten die Keulens einfach nur Wissen ab, irgend etwas – Mathematikregeln zum Beispiel. Gleich am ersten Tag ließen sie ihre Söhne addieren, subtrahieren, erst bis zehn, dann bis zwanzig, multiplizieren, dividieren. Obwohl niemand mit ihnen so etwas geübt hatte, war alles da. Und auch schreiben konnten sie auf Anhieb. Sie begannen in Blockschrift, aber weil das ständige Absetzen von Buchstabe zu Buchstabe recht mühsam war und lange dauerte, schlug die Mutter vor, es mit der Schreibschrift zu versuchen. Warum nicht, das ging genauso, und die Buchstaben waren nicht einmal besonders wackelig. Im Laufe der nächsten Monate würden die Zwillinge ihre Schrift je nach Laune variieren, mal groß und ausufernd schreiben, mal in kleinen, gedrückten Buchstaben, mal gerade, mal gekippt. Nach einem halben Jahr würden die Keulens ihre mechanische Schreibmaschine in den Keller bringen und statt dessen ihren ersten Computer kaufen, der das gestützte Schreiben viel leichter machen sollte. Aber an diesem ersten Tag riefen die Eltern ihre Kinder 25 einfach nur wieder und wieder zu sich, um ihren Arm zu ergreifen, um das Wunder zu wiederholen. »Kornelius, die Hauptstadt von Frankreich?« – »Paris.« – »Konstantin, der Bürgermeister von Berlin?« – »Diepgen.« erdenklich deutlich erinnere ich mich an das erste schreiben. ich wußte ja, daß ich es kann. ich freute mich mit mutti, die unglaublich aufgeregt war. erfinderisch fragte sie uns ab und wir erfreuten uns sehr an ihrer freude. Kornelius mit siebzehn.

Während sich die Kinder nie für Spielfilme interessiert hatten, waren sie immer schon dicht vor den Fernseher gerückt, wenn Nachrichten, Quizshows, Wissenschaftssendungen oder Diskussionen ausgestrahlt wurden. Ihre Eltern vermuteten nun, daß sie daher ihr Wissen hatten, eine erstaunliche Allgemeinbildung.

Erst später stellten Silvia und Peter Keulen die wirklich drängenden Fragen, die bis heute nicht abreißen: Warum sprecht ihr nicht? Wer seid ihr? Wie geht es euch? Endlich lernten die Eltern ihre Kinder kennen.

Fasziniert von diesem Coming-out, überwältigt von dieser Kraft, dachte damals keiner daran, die vielen Zettel der Zwillinge aufzuheben. Vielleicht auch deshalb, weil die Keulens seit den niederschmetternden ärztlichen Untersuchungen vor allem um eins bemüht waren: um Normalität für ihre Söhne und für sich selbst. Und normale Familien heben nicht jede Schriftprobe ihrer Kinder auf. Tobias, mittlerweile 26, Medizinstudent und die blonde, blauäugige

Ausgabe der Zwillinge, betont: »Ich habe die beiden immer als meine kleinen Brüder gesehen, mit denen ich gespielt und auf die ich aufgepaßt habe. Daß sie Autisten sind, war für mich nie wichtig, ich habe auch kein einziges Buch über Autismus gelesen. Das war einfach nicht meine Rolle.«

Bis heute kehrt jeder von ihnen lieber das Alltägliche hervor als das Besondere, das viele Menschen nicht einordnen können, das ihnen nicht geheuer ist. Silvia Keulen: »Die Entwicklung der beiden widerspricht dem gängigen Zivilisationsverständnis. Normal ist, daß ein Kind erst die praktischen Dinge lernt und dann die intellektuellen, nicht umgekehrt.« Und je älter die Zwillinge wurden, desto strenger die Blicke auf sie. Es rief Befremden hervor, daß zwei Kinder, später zwei Jugendliche, ihre Meinungsverschiedenheiten lösten, indem sie unbeholfen aufeinanderschlugen, während sie gleichzeitig im Kopf mehrstellige Zahlen um die Wette multiplizierten. Sekundenschnell waren sie beide.

Als sie neun Jahre alt waren, begann ihre Mutter, ihre Texte zu archivieren. Ohnehin war meist sie diejenige, die sich mit Konstantin oder Kornelius an den Schreibtisch setzte und ihnen die Hilfe gab, mit der sie sich ausdrücken konnten. Nun legte sie nach dem Schreiben eine Diskette ein und speicherte die innersten Gedanken ihrer Söhne. Text für Text entstand so ein Mosaik zweier komplexer Persönlichkeiten:

Die Zwillinge als jugendliche Lebenskünstler, fast zu beneiden um ihre Ausgeglichenheit, ihre Leichtigkeit.

ich lebe auf gut glück jeden tag, weil ich weiß, wo ich her-
komme und wo ich hingehe und wie der tag werden kann.
ich bestimme selbst, was ich lernen will im leben und was
ich können will. ich kann jetzt besser sortieren, was ich wissen muß, um zu außerordentlichen umfassenden kenntnis-
sen zu gelangen.
Konstantin

Zwei Kinder, die Liebe und Dankbarkeit empfinden
und sie großzügig an ihre Mitmenschen verteilen.
Konstantin an Silvia Keulen: ich habe licht gesehen
für mich. du bist mir nah und ich liebe dich verhalten und
mit großer innigkeit. ich sehe, ostentativ, daß du mich
außergewöhnlich liebst. kein anderer liebt mich so sehr.
heilsame kraft strömt von dir lichthaft zu mir.
Kornelius an seinen Opa: ich wünsche dir alles das,
was du dir wünscht, lieber opa. ich sehne mich ganz oft
nach dir. erstens heißt das, daß ich dich brauche, zweitens
gehöre ich zu dir. du achtest auf mich und ich achte auf
dich.

Das Schreiben brauchte seine Zeit. Beide Kinder
suchten sich Buchstabe für Buchstabe mit nur einem
Finger, dem rechten Zeigefinger, und auch das ging
nur, wenn sie entspannt waren, wenn sie sich sicher
fühlten. Ganz anders ihre Gedanken: die schienen
zu fliegen. Nie unterbrachen die Zwillinge ihren
Schreibprozeß, um nachzudenken, nie korrigierten
sie den Inhalt, und immer hatten ihre Texte auf Anhieb eine Dramaturgie, einen Anfang, ein Ende. In
ihrem Kopf war alles bereits fertig.

Die Jungs als scharfsinnige Beobachter und humorvolle Erzähler. Konstantin über seinen Vater: das war's?

gemeinhin hat man seinem leidenschaftlich für die nachgeborenen sorgenden vater die kalte schulter zu zeigen, wenn er anklopft und gleichzeitig wartend im zimmer steht. ich illere gelangweilt hinter meinem schulbuch hervor. auch er schaut betont gelangweilt.

kernig informiert er mich über die nächsten vorhaben im haushalt. erst nachdem ich ihm einen platz auf meinem eingemöhlten sofa zugewiesen habe, wird er etwas lockerer.

lümmelnd erzählt er mir von seinem tag. mir lärmen die worte im kopf. so möchte ich keinesfalls, nie, nie im leben meine zeit verbringen. der spaß ist ihm abhanden gekommen.

ich biete ihm einen rest von meiner pizza von gestern an. leider verzieht er angeekelt ein bißchen sein gesicht. doch der schwarzgefärbte schnauzbart wackelt belustigt. er schiebt die brille auf die erfolgreich vergrößerte stirn und streicht lachend über seinen moskitolandeplatz.

sichtbar belustigt greift er zum nächsten teller, auf dem sich fischreste mit dem zerfließenden ketchup ziemlich freudlos ein stelldichein geben. ich kann nicht verhindern, wie der fisch furchtlos auf seine designerjeans gleitet. bei diesem vorgang verteilen sich ein paar ketchuplachen auf seinem leinenhemd, frischgebügelt dieses, versteht sich. während er zwischen ärger und belustigung schwankt, pruste ich lauthals los. das war's, wütend verläßt mein vorfahre kampflos das zimmer. ob er sich nochmal traut?

Und dann waren da noch diese zwei: die ein Bedürfnis hatten, der Welt zu erklären, warum sie nicht sprachen, was mit ihnen anders war.

ich erinnere mich, im weiteren leben sprechen zu wollen. unterschiedliche konflikte hindern mich, dies jetzt zu tun. das sind konflikte, die heute schnell beseitigt werden können. ich meine unterschiedliche widerstände in mir. obige konflikte sind zum beispiel außenreize, die ich nicht ohne probleme sortieren kann. über hören und sehen kann ich klare darstellungen machen.
Konstantin

wer sprechen tun will der untersucht ein problem
herausgefordert und für mich untersuche ich in der stille
und wer laut spricht der zerstört seine welt
eine welt die würdig ist und weiterbestehen soll.
Kornelius

ich verzichte auf meine identität, um in zutreffende herrschaftsformen zu kommen. ich heile mich selbst durch meinen geist, indem ich immer intensiver nachdenke über meine fähigkeiten. ich kann alles verstehen und begreifen im leben.
Konstantin

Zwei Jungen, die darunter litten, daß Menschen ablehnend auf sie reagieren.
warum werde ich so falsch behandelt in der schule? ich sehe also, daß ostentativ genau ein unterschied fachlich gemacht wird zwischen uns und den anderen kindern, so sehr, daß interessante dinge finster iatrogen immer leider für uns nicht infrage kommen.
Kornelius

Es ist eine eigene Sprache, die die Zwillinge von Anfang an benutzten, eine eigenwillige. Poetisch und kraftvoll, mit viel Phantasie und mit Wortschöpfungen, die ihre Eltern vergebens im Lexikon suchten. Stark komprimierte Sätze ohne Füllwörter und überflüssige Ausschweifungen, manchmal altmodisch formuliert und mit einer ungewöhnlichen Satzstellung, so daß der Leser den ganzen Inhalt erst beim zweiten, dritten Lesen herausfindet. Mittlerweile gibt es deutschlandweit viele Autisten, die mit Hilfe von FC schreiben, in der Zeitschrift »Bunter Vogel« werden ihre Texte regelmäßig veröffentlicht. Auffällig daran: Andere Autisten benutzen eine ähnliche Sprache.

So schreibt der 16jährige Michael T. aus Eisenach:
»komme momentan immer besser zurecht
ohne jubel aber unbedingt mit hoffnung
ja mich lustvoll konzentrieren kann
bin hier zufrieden
mit nützlichkeit kommt liebe
mit liebe interesse
kommt lust ist alles in ordnung.«

Oder Birger Sellin, mit dem das gestützte Schreiben in Deutschland populär wurde und dessen Mutter Annemarie Sellin den »Bunten Vogel« herausgibt:

»am liebsten würde ich wie sogenannte wichtige personen weinen es geht aber nicht es ist wie ein steinernes wesen das mich gefangenhält und es wertet traurigkeit als sicherheitsrisiko es ist wie ein ring aus eisen um meine brust«

Die Sprache der Autisten sei eine innere Sprache, erklärt Annemarie Sellin. Weil sie nie von der Umwelt gefeilt wurde und weder im Gespräch mit den Eltern noch im Kontakt mit anderen Kindern oder Jugendlichen oder in Unterrichtssituationen bewertet und korrigiert wurde, hebe sie sich vom Standard ab. Entsprechend werden die Texte der meisten FC-Schreiber, je länger sie schreiben, je länger sie sich also der sozialen Wirklichkeit stellen, angepaßter und genormter.

Für die Zwillinge brachte der unglaubliche Tag damals zweierlei: Er brachte Freiheit, und er brachte Abhängigkeit.

Die Freiheit.

Gedanken, von denen die Kinder Unmengen in ihren Köpfen angesammelt hatten, konnten sie endlich loswerden und so in einen viel stärkeren, präziseren Dialog mit ihrer Außenwelt treten als bisher möglich. Kornelius: ich erwarb das vertrauen, eigene ansichten mitzuteilen. das war das eigentlich besondere. wir konnten reden und sofort betrachteten wir die welt in dichterischer weise. errichteten wettbewerbe zwischen uns im erzählen von geschichten. teileinheitlich verbesserten sich unsere fähigkeiten schnell. Gesellschaftlich entsprachen sie nun viel mehr der Norm – und konnten auch deren genormte Angebote wahrnehmen. Plötzlich kamen erste Gedanken an eine normale Schule auf.

Die Abhängigkeit.

Jedes einzelne Mal, wenn sie etwas aufschreiben wollten, waren sie gezwungen, einen Bund mit einer anderen Person einzugehen. Das ist noch akzeptabel, wenn es darum geht, einen Schulaufsatz zu schreiben oder einen Urlaubsgruß an den Opa. Aber wer mag seine Mutter neben sich sitzen haben, wenn er einen Liebesbrief verfassen will? Und was, wenn eine Situation dringend einen Kommentar erfordert, aber niemand da ist, mit dem sich schreiben ließe?

Nicht nur für die betroffenen Kinder, sondern auch für ihre Stützer kann dieser enge Zusammenschluß eine große Belastung sein. Ein Grund für viele Eltern, erst gar nicht mit FC anzufangen, glaubt Silvia Keulen. In ihrer Kinderarztpraxis hat sie schon einige Familien vergeblich von der Methode zu überzeugen versucht. Dazu kommt nach Ansicht Annemarie Sellins noch eine andere Angst: die vor der unbekannten Seite der Kinder. Die Familien haben sich in ihrem Leben eingerichtet, und eine so gravierende Veränderung, wie sie das gestützte Schreiben mit sich bringt, kann bedeuten, daß sie ihre Welt komplett neu ordnen müssen. Annemarie Sellin: »Da kommt so ein Kind mit einem IQ von null herein, und die Eltern haben es vielleicht sein Leben lang wie ein Dreijähriges behandelt, und dann geht es mit 130 wieder heraus. Diese Entwicklung läßt sich nicht mehr rückgängig machen.« Oder die Eltern kennen ihr Kind bisher als lachenden und zufriedenen Menschen und sehen plötzlich Texte entstehen, die von Kälte und Qualen erzählen. So schreibt zum Beispiel der neunjährige Autist Michael im »Bunten Vogel«: »extra schade scheiße ist das, wenn man nicht verstanden wird. man leidet ganz furchtbar.« Und eine Julia: »habe lust zu schreiben liebe denkende freunde ich bin julia ich nenne mich aber julia angsthase weil angst mein leben verdirbt. kein tag vergeht ohne angst.«

Auch die Zwillinge haben Momente, in denen sie niedergeschlagen sind und frustriert, in denen sie sich unverstanden und ungerecht behandelt fühlen, aber meist überwiegt ihr Optimismus. Ihr großer Vorteil: Sie waren immer zu zweit. Ihr Verhältnis zueinander war immer eng, immer intensiv. Sie selbst sagen, daß sie alles miteinander teilen, alles voneinander wissen. Statt Worten schicken sie Blicke hin und her, fragende, fordernde, zustimmende, sie verziehen die Stirn, sie schütteln den Kopf, all dies in einem Tempo, einem Variantenreichtum und mit einer Intensität, als würden sie sich tatsächlich unterhalten. Als hätte nur jemand den Ton abgedreht.

Konstantin: ich berede mit kornelius alles und wir wissen immer, was gemeint ist. unerwünschte mißverständnisse richten wir unter uns aus, d. h. unterschiedliche meinungen. andere innere mißverständnisse kommen nicht vor.

Peter Keulen erinnert sich, daß sie bereits als Babys sehr eingespielt waren. »Ich denke, daß sie schon im Mutterleib kommuniziert haben.«

Sie bestätigen sich in ihren vielen Ähnlichkeiten. In der Schule machen sie oft identische Fehler, und nach ihrer Meinung gefragt, antwortet meist einer stellvertretend für beide. Kornelius: ich vertraue konstantin wie mir. ereint ist unser denken.

Sie ergänzen sich in ihren feinen Unterschieden. Kornelius, um ein paar Minuten früher geboren, macht auch im Leben die meisten Schritte zuerst. Er ist aktiver, spielt gerne den Clown, um im Mittelpunkt zu stehen, rückt schneller den Menschen nahe, traut sich eher zu sprechen und schafft es als erster, sich alleine anzuziehen. Oder sich im Auto anzuschnallen, und bis Konstantin nachzieht, hilft er ihm eben auch in die Jacke, schnallt ihn im Auto an. Wenn die Zwillinge mit ihrem Vater spazierengehen, bestimmt Kornelius die Richtung, indem er wortlos mit dem Finger dorthin zeigt. Peter Keulen: »Ich gehe davon aus, daß er auch in Konstantins Sinne handelt. Ich mische mich da nicht ein, das sollen die beiden unter sich ausmachen.« Konstantin, ruhiger, besonnener, ist der Denker im Hintergrund. Kornelius: ich bestimme mehr, einfach weil einer bestimmen muß. konstantin gibt mir hinweise, wie wirklich alles gerade funktioniert.

Silvia Keulen fuhr damals, nach dem unglaublichen Tag, mit dem neuen Wissen über ihre Söhne und mit viel Begeisterung an die Schwerhörigenschule nach Potsdam und stellte das gestützte Schreiben dem Kollegium vor. Die Lehrer reagierten ähnlich, wie sie selbst im ersten Moment reagiert hatte: mit Skepsis. Aber im Gegensatz zu der Mutter ließen sie sich nicht überzeugen. »Die gestützte Kommunikation war eine umstrittene Methode«, begründet Uta Kapp, Leiterin der Schule, heute. Und über Autismus habe man damals kaum etwas gewußt. Nur eine einzige Lehrerin, die Klassenlehrerin von Konstantin, Anke Heinrich, erklärte sich bereit, FC auszuprobieren. »Die beiden Jungen faszinierten mich von Anfang an«, sagt die burschikose Frau, die dem Lehrerinnentyp früherer Tage entspricht, mit praktischer Kurzhaarfrisur, Brille und einem strengen Gesichtsausdruck, der Durchsetzungsvermögen und Zähigkeit vermuten läßt. Beides hat sie. Dazu kommen andere Eigenschaften, die sich in der Sekunde offenbaren, in der sie auf die Zwillinge trifft. Da wird sie weich und bekommt eine Wärme. Von ihrem Glauben an die beiden ist Anke Heinrich seit damals nicht mehr abgewichen, auch nicht, als der Widerstand im Kollegium massiv wurde und sie selbst, die bis dahin einen ausgezeichneten Ruf genoß, immer stärker in die Kritik geriet.

Gemeinsam mit der Mutter tastete sich die Lehrerin voran. Im Unterricht stützte sie ihren Schüler Konstantin, zu Hause stützte Silvia Keulen ihren zweiten Sohn Kornelius, der mit seiner Lehrerin weniger gut klarkam – oder sie nicht mit ihm, zumindest war sie nicht bereit, die neue Methode auszuprobieren. Anke Heinrich: »Die Lehrer waren ohnehin schon mehr als ausgelastet, wenn sie allen Schülern gerecht werden wollten. Gerade an einer Schwerhörigenschule ist es wichtig, jeden Schüler individuell zu unterstützen.« Und Schulleiterin Uta Kapp ergänzt, daß die Eltern der anderen Schüler mit Recht erwartet hätten, daß ihre Kinder mit der gleichen Intensität gefördert würden. Sie gibt aber auch zu, »daß mit dem Widerspruch zwischen den kognitiven Leistungen der Zwillinge und ihrer sozialen Kompetenz nicht immer adäquat umgegangen wurde«.

Anke Heinrich und Silvia Keulen telefonierten jeden Abend, besprachen die Erfolge des Tages und ihr weiteres Vorgehen: Was nehmen wir als nächstes durch?

Eine schöne Phase sei das gewesen, erinnert sich die Lehrerin. Weil sie rasend schnell weiterkamen. In der Schule legte sie dem Erstkläßler Konstantin Arbeitsblätter der Klassen zwei und drei vor – er löste sie ohne Probleme und mit strahlendem Gesicht. »Der Junge blühte regelrecht auf.« Kornelius dagegen habe darben müssen, sagt Anke Heinrich. Sie deutet an, daß damals nicht alles rund lief, aber sie hütet sich, ihre ehemaligen Kollegen zu kritisieren. Vielleicht auch deshalb, weil einige von ihnen Jahre später zu ihr kamen, um festzustellen: »Anke, du hast recht gehabt.«

Dann kam auch Kornelius in ihre Klasse. Anke Heinrich trat dem Elternkreis autistischer Kinder bei, entwickelte sich mehr und mehr zur Expertin und übte mit den Jungen, wann immer ihr die anderen Schüler Zeit ließen. Bis zur vierten Klasse ging das so, und je mehr sie die Zwillinge forderte, desto euphorischer tippten diese ihre Antworten in den Computer. Parallel dazu trainierte die Lehrerin mit ihnen das Sprechen, und voller Vertrauen machten die Jungs plötzlich auch hier Fortschritte, sprachen ganze Sätze nach: »Ich heiße Konstantin Keulen.« »Ja, ich fahre mit nach Potsdam.« Allerdings schafften sie das meist nur im Unterricht, wirklich anwenden konnten sie die Sprache noch nicht.

In der für sie typischen großen Geste zeigten die Zwillinge Anke Heinrich immer wieder ihre Dankbarkeit. Sobald sie die Lehrerin sahen, lachten sie, hängten sich an sie. Und in ihren Texten erklärten sie ihr, wie wichtig sie ihnen sei.

liebe anke,
zu deinem geburtstag wünsche ich dir alles liebe. hoch sollst du leben, drei mal hoch.

jochhaft ist die arbeit für dich mit uns, denn wir sind oft
unkonzentriert, passiv und sagen finstere sachen.
auf jeden fall hilfst du uns so anders zu werden, wie wir es
wollen. teilweise erscheint es uns schwer, sicher in die zukunft zu gehen. zuinnerst passen wir aber auf, daß wir solche sachlichen rohen dusteren auffälligkeiten loswerden.
sicher ist, daß du uns hilfst, alles zu erreichen, was wir wollen. es ist immer schön. richtig mit dir zu sprechen.
lachend sagt dir das
dein kornelius

Das Kollegium an der Potsdamer Schule gab seine
Bedenken nicht auf. Die Fortschritte der Zwillinge
beurteilten die Pädagogen mit Skepsis, schließlich
sahen sie im Unterricht weiterhin zwei passive Kinder, die sich offenbar nicht einfügen konnten. Manche Lehrer kamen damals zu dem Schluß, daß sich
die gestandene Lehrerin Anke Heinrich kurz vor
ihrer Pensionierung einfach verrannt hatte.

Es passierte zu dieser Zeit, daß Kornelius in den Wei-
her stieg. Zusammen mit seinem Bruder hatte er im
Wald in der Nähe des Wassers gespielt und war plötzlich immer tiefer hineingegangen. Als die beiden aufgeregt zu Hause ankamen, spürte ihre Mutter sofort,
daß etwas geschehen war, und drückte Kornelius
einen Stift in die Hand, griff nach seinem Arm. Kornelius in Schreibschrift: ich habe große angst, daß
ich selbstmord begehen muß, weil ich nicht mehr so leben
will. Ich will ins wasser gehen und nicht mehr auftauchen
und immer unten bleiben und unentwegt ruhig sein.
Dann fragte Silvia Keulen seinen Bruder: »Was hast

du gesehen?«Und Konstantin schreibt in einer unruhigen Schrift, die zum Ende immer größer wird: ich habe gesehen, daß kornelius ins wasser gelaufen ist und so komisch geguckt hat. er war ganz versunken in den anblick des wassers. ich glaube, daß er nicht mehr leben will, weil er so viele probleme hat. ich passe auf ihn auf. ich denke, er wird es wieder machen.

Natürlich waren die Eltern erschrocken.»Aber komischerweise haben wir die Situation nicht als bedrohlich empfunden. Wir hatten nie das Gefühl, daß sich Kornelius wirklich umbringen wollte«, erinnert sich der Vater. Sie hatten ihren Sohn richtig eingeschätzt; aus heutiger Sicht erklärt Kornelius den Vorfall so: ich ersah keinen sinn mehr in meinem leben. überall stießen wir auf unverständnis und ablehnung. in der schule, bei den freunden meiner eltern und auch bei verwandten. erfinderisch versetzte ich mich in die welt der bücher und ahmte ein denkbar einsames streben nach. ich denke, ich versenkte mich in die glitzernde oberfläche des weihers im wald und schritt, gebadet im glitzernden sonnenlicht, ganz ruhig und rein in das wasser. es ereignete sich eine wohlige aufnahme von mir in eine schwerelose welt. ich fühlte so viel todessehnsucht. es war einfach wunderschön. gering war die gefahr des wirklichen todes. hinderlich war die anwesenheit konstantins außerhalb des wassers. er wollte nicht und sein wunsch war ein wunsch, der zu achten war.

kindisch war dieses streben und es bestand nicht einmal die gefahr des wirklichen sterbens.

Das Gefühl, abgelehnt zu werden, blieb Konstantin und Kornelius auch später vertraut, aber eine zweite Situation wie diese ergab sich nie wieder. Im

Gegenteil: Je mehr sie gefördert wurden, desto größer wurde ihr Selbstbewußtsein. Und mehr und mehr fiel die Angst, die so oft ihren Alltag blockierte, von ihnen ab.

Gemeinsam mit Anke Heinrich entschieden die Eltern damals, daß die Jungs auf eine Regelschule wechseln sollten. Anke Heinrich: »Sie waren ja nachweislich nicht schwerhörig, und wir sahen kein Problem darin, daß sie mit Hilfe der Stütze an einem normalen Unterricht teilnehmen könnten.« Die Voraussetzung: Konstantin und Kornelius mußten ein ordentliches Abschlußzeugnis vorweisen. Also startete die Lehrerin ihr Sonderprogramm. Im Einzelunterricht nahm sie mit den beiden den Stoff eines ganzen Grundschuljahres durch, Klasse vier in wenigen Monaten, und sie hatte nicht einmal die Zeit, die Stunden pädagogisch aufzubereiten. »Ich war ja nach wie vor in den Schulablauf eingebunden.« Dennoch hielten die Zwillinge das Tempo ohne Schwierigkeiten, ja sogar mit Begeisterung. Die meisten Antworten hatten sie ohnehin längst parat, und jede neue Information nahmen sie in der Sekunde auf, in der sie davon hörten. Oder mit einem flüchtigen Blick auf ihre Lehrbücher. Offenbar gelangten sie an ihr Wissen auf eine völlig andere, unbekannte Art. So betonen die beiden immer wieder, wie sehr sie die Literatur lieben. Konstantin: also die bibliothek war sehr innovativ für alle schüler. deshalb möchte ich auch mitglied werden. so viele bücher oasenhaft angeordnet, welch anblick für jeden, der bücher gern hat und so viel liest wie ich. Und in ihren Texten zitieren sie Autoren oder verweisen auf einzelne Werke.

Aber niemals setzen sie sich hin und blättern Seite
für Seite eines Buches um, man sieht sie nicht einmal mit einem Buch in der Hand. Kornelius: ich ge-
rate in erklärungszwang. ich lese alle bücher in einer
weise, daß das buch lichthaft in mir erscheint. keiner sieht
das und ein erklären wird sehr mystisch. neue bücher
liebe ich besonders. im lesen ermindere ich mein wissen.
ich verbinde das gelesene mit feinen abspeicherungen
und finde neues feines denken bei mir. Von einem foto-
grafischen Gedächtnis würden ihre Lehrer später
sprechen und damit eigentlich nur ausdrücken, daß
sie auch nicht wissen, was sich im Kopf der beiden
abspielt.

Die Abschlußprüfungen der Klasse vier waren ein
Sonntagnachmittagsspaziergang. Deutsch, Mathe,
Sachkunde, Notendurchschnitt 1,5. Also machte Anke
Heinrich gleich weiter mit dem Stoff für die Klasse
fünf. Deutsch, Mathe, Geschichte, Erdkunde, Notendurchschnitt 1,3. Damit stand dem Schulwechsel
nichts mehr im Weg. Das Schulamt Königswusterhausen half mit der passenden Schule, deren Lehrer
neugierig und offen waren und sich bereit erklärten,
die Zwillinge aufzunehmen: die Grundschule in Zeesen, einem Nachbarort ihres Wohnorts Senzig. Lehrer, Eltern und Schulamt entwickelten gemeinsam
ein Modell: Beide Jungen sollten eine zusätzliche
Lehrerin an die Seite bekommen, eine Stützlehrerin,
die nur für sie dasein und ihnen die nötige Hilfe
beim Schreiben geben würde. Sie sollte den »Wackel-
kontakt zwischen Kopf und Hand«, wie Annemarie
Sellin die Blockade der Kinder beschreibt, durch Berührung überbrücken. So hätten die Kinder die Mög-

lichkeit, sich jederzeit mitzuteilen, wie alle anderen
Schüler. Oder fast so.

»Das könnte das Richtige für mich sein«, dachte
Astrid Ahlbrecht, Lehrerin für Deutsch und Kunst,
als sie den Aushang am Schwarzen Brett ihrer Schule
sah. Denn der normale Schulunterricht war eher das
Falsche für sie, das hatte sie sich im Laufe ihrer Lehr-
tätigkeit irgendwann eingestehen müssen. »Ich bin
keine Dompteurin«, sagt die sanfte Frau, und man
glaubt es ihr sofort. Die Haare glatt und schulterlang
mit Seitenscheitel links, ein weiches Gesicht mit
einem fast schüchternen Lächeln, wirkt sie eher wie
ein etwas unsicheres Schulmädchen als wie eine Lehrerin, die bald in Rente geht. Und sie deutet an, daß
ihre Schüler dies immer wieder ausgenutzt und ihr
manches Mal das Leben schwergemacht haben.

Astrid Ahlbrecht stellt sich dem Schulamt vor,
stellt sich der Mutter vor und den Söhnen und hat
einen neuen Job. Gemeinsam mit einer zweiten Lehrerin, Doris Lichner, würde sie ab sofort mit Konstantin und Kornelius in die Grundschule gehen. Für sie
habe damals ein neuer Lebensabschnitt begonnen,
sagt sie heute. Große Worte. Wie bereits Anke Heinrich, wie zuvor Johanna Richter, ließ sich auch Astrid
Ahlbrecht von den Zwillingen faszinieren. Auch sie
war empfänglich für die Aura der beiden, das Verbor-
gene wie das Offensichtliche, das strahlende Lächeln
und die weiche Umarmung, mit der sie nun jeden
Morgen vor Schulbeginn begrüßt wurde. Und auch
ihr Verhältnis zu Konstantin und Kornelius rückte
schnell von einer formellen Ebene auf eine private,
persönliche.

Kurz vor Schulbeginn tippt einer der Jungen voller Erwartung in den Computer: ich gehe übermorgen lieber in die schule in zeesen. passend finde ich obige schule für uns, weil lehrer und teilweise auch die schüler etwas über uns wissen wollen. tun erübrigt sich unter diesen umständen.
epochale ereignisse ordnen sich essentiell. alle sehen wichtiges wollen wegen der schule . . .
jeder paßt ostentativ auf uns auf, ob wir alles wissen.

Das gute Gefühl bestätigt sich; im Rückblick werden die Zwillinge dieses Jahr als ihr bestes bezeichnen. Jeden Morgen setzen sie sich freudig aufgeregt hinten ins Auto ihrer Eltern, mit dem sie zur Schule gebracht werden. ich sehe es als absolut astrein an, daß alle so freundlich auf uns asymmetrische aashafte ausgestoßene reagiert haben, schreibt Konstantin nach dem ersten Tag. Und einen Monat später: zu einer richtigen schule gehört, daß alle kinder lernen können, wie sie können. affenartiges sachliches wahren von saumäßigem verhalten wird nicht geduldet. was weiter wird, achte ich sehr hoch, denn sie wollen uns wirklich helfen, so zu sein wie alle.

Zu sein wie alle – das sind sie auch hier nicht: Im Unterricht drängt es beide immer wieder dazu, von ihrem Platz aufzustehen und zum Fenster zu gehen. ohne aufstehen langweile ich mich. aber ich achte trotzdem auf den lehrer, erklärt Kornelius. aufstehen bedeutet für mich sich ausruhen vom stillsitzen. ich werde probehalber sitzen bleiben. Konstantin. Sie kauen an ihren Nägeln, stecken die Finger in den Mund und knibbeln an der Nagelhaut, bis die Haut naß und wund, das Fleisch blutig ist. Konstantin: ich pule, weil ich aufmerksam bin. das sieht aus wie unaufmerksamkeit, stimmt aber nicht. Sie sollen mich ruhig ermahnen, denn ich muß es mir abgewöhnen. Bis heute haben sie das nicht ganz geschafft. Vor allem wenn sie nervös sind, verselbständigen sich ihre Finger immer noch, so daß auch Außenstehende ihren Blick ein zweites Mal auf sie richten.

Sie freuen sich auf jede Sportstunde, aber gerade im Sport gibt es besonders viele Regeln und damit besonders viele Hindernisse. Volleyball oder Basketball – die Zwillinge können nur zuschauen.

Sie streicheln ihren liebsten Mitschülern zärtlich über den Arm und geben den Lehrern einen wohlwollenden Klaps zur Begrüßung, und obwohl vor allem Kornelius immer mehr und immer eifriger spricht, reichen auch seine Sätze bei weitem nicht, um auszudrücken, was er denkt. Im Musikunterricht weigert sich Konstantin, ein Instrument auch nur auszuprobieren, und Kornelius will auf dem Keyboard ständig eine Feuerwehrsirene nachspielen.

Sie sind anders, auch hier, aber sie werden dafür nicht abgelehnt, die Grundstimmung ist positiv. Die Mädchen packen ihnen die Schultaschen und reißen sich darum, sie an der Hand zum Klassenraum zu führen, die Jungs spielen mit ihnen im Pausenhof Fußball, auch wenn sie sich manchmal ärgern, daß Konstantin den Ball lieber aufs Dach schießt als zu seinem Mitspieler, und die Lehrer geben ihnen ein ums andere Mal die besten Noten. Denn sobald die Anforderungen intellektuelle sind, zeigt sich die Andersartigkeit der Zwillinge von ihrer bestechenden Seite. Da liefern sie Glanzstücke in Serie, da bekommt selbst die Lösung einer banalen Aufgabe eine zweite Ebene. Heißt es zum Beispiel: Bilde einen Satz mit einem Wort, das ein Dehnungs-h enthält, dann wählt Kornelius das Wort »berühmt« und schreibt: interessante menschen kosten ihr leben aus, sie werden entweder berühmt oder apathisch.

Die Lehrer erkennen diese Stärke und fordern sie heraus. Wenn die anderen Kinder eine Anekdote »ausdrucksstark vortragen« sollen, werden die Zwillinge gebeten, eine zu schreiben.

Konstantin Keulen:

talente in erprobung

wissend, daß peter überhaupt keine ahnung hatte, rief ich das superfabelhafte trendwesen herein. sie war irre blond und langbeinig, saustarke klamotten darbten an ihrem wuchtigen körper.

hallo, wer bist du denn? schrie einer aus der gruppe.

sie lächelte breit und zeigte dabei alle ihre weißen zähne: das willste wissen, wa!

herein mit dir, japste tomy. wer so aussieht, trieft nur so gehörig von schweiß und schminke. erlaube mir, dich zu säubern und einen menschen aus dir zu machen! überschwänglich faßte richy ihr in die haare. alle grölten und klopften sich auf die schenkel. die stimmung war gehörig erregt.

peter schaute ruhig von einem zum anderen und sagte: reich mir die hand, schönes wesen. richtig trat sie auf ihn zu und grinste so dauerhaft, daß auch er sich erschreckte.

ich wollte nur freundlich sein, stammelte er.

ohne ein wort zu sagen, verließ uns der blonde engel mit festem schritt. unter dem schlabberrock schauten schau-

derhaft schmutzige stiefel hervor. sie gehörten werner, wie
wir bei dem anblick sofort wußten.

Als Ulrich Ernst, Oberschulrat im Brandenburger Ministerium für Bildung, Jugend und Sport, die Texte
der Jungs zum ersten Mal in die Hand bekam, war
sein spontaner Gedanke, daß sie mit »eins plus« immer noch zu schlecht bewertet wären.

Und Astrid Ahlbrecht, die ständige Assistentin der
Jungen, war so überwältigt von den Talenten ihrer
Schützlinge, daß sie begann, Tagebücher zu führen –
das Buch »Konstantin« und das Buch »Kornelius«.
Zum ersten Mal habe sie so arbeiten können, wie
sie es sich immer gewünscht hatte, sagt sie. Sie gibt
den Zwillingen ihre volle Aufmerksamkeit, registriert
jede Nuance. Daß Konstantin häufig »Und dann?«
fragt, weil er unbedingt sprechen möchte und sich
freut, diese Worte formulieren zu können, daß Kornelius auf dem Schulhof wechselweise den Leidenden oder den Fröhlichen spielt, um den Mädchen zu
imponieren, daß sich die Brüder manchmal raufen
und beißen, obwohl sie sich lieben, um ihren Frust
abzureagieren. Sorgfältig schreibt sie ihre Beobach-
tungen auf: »Jetzt arbeite ich mit Kornelius zusammen, und er ist ganz lieb. Es ist etwas anstrengender
mit ihm, er ist eigenwilliger und kritischer als Konstantin, dafür aber selbständiger, kann Buch auf-
schlagen, Federtasche packen usw. Er will mehr alleine schaffen. Manchmal sitzt er vor einem Blatt,
holt tief Luft und will und will dann selbst etwas
schreiben. Aber trotz größter Anspannung werden es
nur Striche, manche mit Häkchen.« Oder: »Mandy

ist ein Mädchen in der Klasse, das Konstantin im Auge hat. Er möchte immer neben ihr sitzen, und dann streicht er ihr sachte übers Haar und bekommt einen ganz verklärten Blick. Mandy will das aber gar nicht, sie ist eine etwas ›Frühreife‹ und hat schon richtige Freunde. Sie ist oft gar nicht nett zu ihm, und er geht immer und immer wieder zu ihr, auch wenn sie ihn abschüttelt. Kathleen, sehr klug und begabt, hat sich sagenhaft andauernd um Konstantin bemüht, ich habe sie schon bewundert. Aber ich glaube, nun hat sie es aufgegeben, da keine Reaktion von Konstantin zu ihr kam.«

Und wenn die anderen Kinder im Unterricht schwatzen, ist Astrid Ahlbrecht die Krücke für die Zwillinge, um ebenfalls abzuschweifen. So schreibt Kornelius über den Vertretungslehrer Herrn C.: er ist krank, weil er keinen spaß vertragen kann, weil das unterrichten keine freude macht. Astrid Ahlbrecht: »Ich habe den Satz schnell wieder gelöscht, bevor der Lehrer ihn sehen konnte.« Ein paar Minuten später schreibt Kornelius weiter: er ist verbittert vom leben. er ist ersetzbar in seinen ideen und gedanken. liebe ist aber sehr gesund und wichtig im leben.

So spielerisch wie erhofft funktioniert das Schreiben dennoch nicht. Oft brauchen die Zwillinge extrem lange für einen Text, sind unwillig, machen Pausen. Manchmal verweigern sie sich sogar völlig, so daß die Stützlehrerinnen selbst erleben, was ihnen Annemarie Sellin in ihrer Schulung mit auf den Weg gegeben hat: daß es nicht damit getan ist, nach dem Ellenbogen des Schreibers zu greifen. Silvia Keulen erklärt, worauf es ankommt: »Der Stützer muß sich vor allem neutral verhalten. Sobald jemand versucht, den Jungs den Arm zu führen, blockieren sie, da geht dann gar nichts mehr. Dazu kommt, daß der Stützer möglichst gedankenfrei sein muß. Er sollte weder mitdenken noch an etwas anderes denken, auch das behindert den Schreibprozeß.« Klingt nach einer Meditation, keine leichte Aufgabe – viele scheitern daran. In den nächsten Jahren sollten Konstantin und Kornelius immer wieder Stützer ablehnen, von denen sie sich manipuliert fühlten. Auch Astrid Ahlbrecht würde dazu gehören.

In diesem Jahr in Zeesen aber klappt die Zusammenarbeit trotz aller Hindernisse noch recht gut. Konstantin:

liebe frau ahlbrecht,

was einmal war, ist saustark nun vorbei. alles reihenweise liebe wünsche ich ihnen. sie haben mir geholfen, ein easy schulkind zu werden. also hat es unheimlich spaß gemacht, mit ihnen zu arbeiten. ganz fein konnte ich alles wachsam verfolgen. ihre sagenhafte geduld und aufmerksamkeit labten mich.

es fand eine große innigkeit zwischen uns statt. auf einer seite sachlichkeit und auf der anderen wahre zuneigung.

ihre irren reihenweise außenseitergedanken konnte ich gut verstehen, teils tellurischen ursprungs, teils vermischt mit tagträumen ganz besonderer art.

uferlos ist die natürliche haufenweise achtungsgebietende begabung von ihnen. sachlich will ich wachsam arbeiten, damit sie stolz auf mich sein können.

ein neues schuljahr wird ganz schnell kommen und ich freue mich schon sehr! bis auf ein anderes forderndes lehrreiches jahr.

Als Klassenbeste verlassen Konstantin und Kornelius die sechste Klasse. Für jeden anderen Schüler mit dem Zeugnis der Zwillinge wäre der Wechsel ans Gymnasium damit beschlossene Sache. Für die Keulens bedeutete er, zunächst einmal die entscheidenden Leute zu überzeugen: Das Brandenburger Ministerium, mindestens einen Schulleiter und einen Klassenlehrer. Bis heute hat in Deutschland noch kein Autist, der ähnlich schwer betroffen ist, das Abitur gemacht, die Zwillinge wären die ersten. Wieder einmal ist Silvia Keulen als Anwältin ihrer Söhne unterwegs, der Direktor der Grundschule Zeesen setzt sich ebenfalls für die Jungs ein. Schließlich findet sich ein Gymnasium im nahe gelegenen Königswusterhausen, das die Zwillinge aufnehmen will. Annemarie Sellin reist an, um den Lehrern die nötige Sicherheit zu geben, um zu erklären, wie Konstantin und Kornelius funktionieren und wie das gestützte Schreiben. Sie ist erstaunt, wie lebendig das Kollegium ist, wie offen und vorurteilsfrei. Auf Anfrage des Schulleiters melden sich genügend Lehrer, die die Klasse unterrichten wollen. Das Ministerium finanziert Computer, an denen die Jungs die Fragen im Unterricht beantworten sollen, assistiert von ihren Stützlehrerinnen. Schulleiter Gerd Bandelow spricht stolz vom »Brandenburger Integrationsmodell«, das Schüler mit Behinderungen in normale Klassen eingliedern wolle. Daß sich das Leben nicht an die Vorgaben des Modells halten würde, konnte zu diesem Zeitpunkt noch niemand ahnen.

Weit vor Beginn des Schuljahres übt Christel Rumpel, die zu dieser Zeit regelmäßig als »heilpädagogische Einzelfallhilfe« zu den Keulens kommt, mit Konstantin und Kornelius das Radfahren. »Ich dachte mir, wenn sie alleine auf ihren Rädern vor der Schule auftauchen, wirft das gleich ein ganz anderes Bild auf sie.« Monatelang sind sie damals losgeradelt, zweimal die Woche, bei Wind, bei Regen, zuerst quer durch Senzig, dann mit gezielten Aufgaben: »Fahrt bis zur Friedensstraße und wartet unter dem Schild auf mich.« Als auch das funktionierte, studierten sie die Strecke zum Gymnasium ein, fünfzehn Mountainbike-Minuten durch einen kleinen Wald, über dicht befahrene Straßen und durch einen Kreisverkehr, so daß sowohl Christel Rumpel als auch Silvia Keulen immer wieder ungläubig gefragt wurden: »Wie kannst du nur?!« Christel Rumpel: »Ich wußte, daß sie es schaffen würden, sobald sie innerlich von der Notwendigkeit überzeugt wären.« Und Silvia Keulen: »Natürlich war auch mir ein bißchen mulmig, aber man muß den beiden viel zutrauen.« Es ist diese Haltung, mit der sie ihre Söhne immer begleitet hat und mit der sie sich immer wieder selbst in die Pflicht nimmt; sich raushält, wann immer es geht. Oft genug würde sie sich dennoch weiterhin einmischen müssen.

Montag morgen kurz vor acht Uhr steigen die Jungs vor dem Gymnasium von ihren bunten Fahrrädern. Der Weg ist geglückt, und so gelingt auch der Start in Königswusterhausen. Die Lehrer lassen sich nicht abschrecken von scheinbar gelangweilten Gesichtern, und auch wenn die Zwillinge desinteressiert in die Ecke gucken, wissen die Pädagogen, daß dahinter Anteilnahme und Engagement stehen. Im

Wechsel mit den Stützlehrern assistieren die Fachlehrer den Zwillingen beim Schreiben. Sie fühlen sich herausgefordert und haben Spaß an dieser völlig anderen Denkstruktur. Der Klassenlehrer Jörg Schäfer ist verblüfft von den Latein-Übersetzungen der Kinder. Nicht nur, daß die Zwillinge besonders schnell fertig werden, auch sind ihre Texte statt in holprigem Schülerdeutsch elegant formuliert. Selbst vor dem schlechten Abschneiden der beiden bei Vokabeltests hat der Lehrer fast noch Respekt. Jörg Schäfer: »Sie argumentieren, daß man nicht ein Wort gegen ein anderes ersetzen kann. Philologisch betrachtet haben sie damit völlig recht.« Im Lehrerzimmer gehen zu dieser Zeit die Briefe der Jungs herum.

Ein Ostergruß von Kornelius für seinen Lehrer:

wer sorgt für seine schafe?
gestreng ein herr schäfer.
was sollen die schafe tun?
sie sollen gehorchen.

wenn die schafe folgen,
dann erreichen sie ein gutes wollkleid
das ist ihr ergebnis
und alle sind zufrieden.

schafe durstig
schäfer stark
schafe sauber
schäfer stolz

leise streichet der wind durch die frühlingsluft
alle sinne schaukeln im duft

der aufgeweckten natur
so wollen auch wir uns erheben
und weben
an unserem sein.

Ein Text von Konstantin für den Chemielehrer:

lieber herr haustein,
ich freue mich immer auf chemie. unterschiedlich hindert mich mein geringes zutraun, sehr gute ergebnisse zu erreichen. es hilft mir, wenn sie mich drannehmen und keine rücksicht nehmen.
eigentlich weiß ich gut bescheid, aber dann wieder habe ich angst, es zu zeigen. den grund kann ich gar nicht nennen.
(...) gern komme ich in den unterricht, weil chemie zeigt, stoffe sind gering in ihrem ansehen, aber bedeutend in ihrer wirkung.
ihr schüler konstantin

Wie an der Grundschule sind auch ihre neuen Klassenkameraden aufgeschlossen und vielleicht sogar ein bißchen stolz auf ihre exotischen Mitschüler, und wieder suchen vor allem die Mädchen den Kontakt. Nur sind sie inzwischen dreizehn, und die Jungs sind es auch. Konstantin und Kornelius brennen nicht nur für Chemie und Englisch, sondern mindestens genauso für die braunen Augen von Ines und das Lächeln von Lisa. Mit klopfendem Herzen setzen sie sich vor den Computer und verfassen, gestützt von der Mutter, ihre ersten Liebesbriefe.

liebe ines,
(...) eigentlich warst du dran mit schreiben. ich habe gewartet. auch war ich eifersüchtig auf deinen brieffreund. schreibst du noch? er ist bestimmt nett. er sieht bestimmt gut aus.
sei sagenhaft gegrüßt! ich freue mich, daß du von mir hören willst. sei sehr lieb gegrüßt so sicher mag ich dich ...
dein kornelius

Lieber Kornelius,
ich habe Dir doch geschrieben (die Karte mit den Eisenbahnen)?! Entweder Du hast sie nicht gekriegt, oder ich habe Deine Antwort nicht gekriegt.
Also, im Urlaub habe ich meinen Brieffreund getroffen und habe gemerkt, daß ich ihn *nicht* liebe. Das habe ich ihm dann auch geschrieben, aber er hat nicht zurückgeschrieben. Das finde ich doof von ihm, aber na ja ...
Deine Freundin Ines

dank und lob
sage es im advent
kerzenschein
schnee im haar
gehen ein in kinderfreude.
leid in der welt
sagt dir
die eisige anfeindung
wer sich liebt
hat wärme in den augen.
advent ist erwarten des schönen.

ines,
erwarte mich in der schule und sieh mich an. auch ich
werde mich sehr an dein lachen anlehnen. lüge nicht
mehr. du sagst, die anderen jungs interessieren dich nicht.
aber ich weiß, daß du nach ihnen schaust. (. . .) du kannst
mit zu uns kommen. dann gehen wir ins kino und meine
mutti fährt dich nach hause.
ich freue mich auf deinen besuch. komm bitte bald. ver-
sprich es mir.
herausgefordert sehe ich immer zu dir. kinderleicht ist es,
deine aufmerksamkeit zu erwerben.
dein kornelius

Lieber Kornelius,

danke für die Karte und das Gedicht. (. . .) Weißt
Du, ich kann nicht sagen, ob ich Dich liebe. Ich weiß
es nicht. Manchmal bin ich ganz sicher, aber nur
manchmal. Ich wünsche mir so, da immer sicher zu
sein. Ich hoffe, das macht Dich nicht so traurig, ich
muß aber ehrlich sein. (. . .) Ich bin so froh über unsere Freundschaft. Aber ich bin auch unsicher. Ich
weiß z. B. in der Schule nicht so richtig, wie ich mich
verhalten soll. Ob ich auf Dich zugehen soll oder
nicht. Bitte hilf mir dabei!

Findest Du es auch schön mit dem Schnee? Ich
finde es herrlich. Am liebsten würde ich überall Kerzen aufstellen, weil das dann immer so schön leuchtet und glitzert.

Deine Freundin Ines

liebe ines,
danke für deinen schönen brief. natürlich ist es unklar, ob

die gefühle uns nicht narren. man kann nie sicher sein. mein gefühl ist jetzt so und allezeit denke ich an dich. sei nicht so auf sicherheit aus. diese aerodynamischen gefühle kann man nicht packen. messe dich nur an dir, dann weißt du, wie du empfinden mußt. mein neugieriges fragen ist sicher lästig für dich. aber ich mag dich heransehnen und dich sichtbar so mir fern neben mir gehen sehen. sieh einmal leider kann ich nicht mit dir reden. sage mir, ist das sehr schlimm?

erstaunlich, wie bisher unsere freundschaft halten konnte. das ist deiner geduld zu verdanken. sei bitte weiter so geduldig. so weiter sagenhaft sichtbar für mich. sei meine freundin.

neige mir deine freundschaft zu.

du hast alle wärme in den augen. fein, daß du mit mir darüber sprichst. behalte sie. (...)

sei gegrüßt!

dein freund kornelius

Lieber Kornelius,

danke, Deine Briefe sind immer so lieb. Ich werde alles tun, um die Wärme in den Augen zu behalten. (...) Ich war heute Skifahren im Wald, es war herrlich. Die Bäume und alles sehen so verzaubert aus. Kannst Du mir mal schreiben, wie Du mit Frau Lichner und Frau Ahlbrecht klarkommst?

Tschüs, Deine etwas verwirrte Freundin Ines

liebe ines,

sage mir, ob ich auch ein basisfreund für dich bin. ich denke, sicher. ich war schlittenfahren am sonntag. der schnee ist toll. ski fahren würde ich auch gerne. sage mir,

siehst du auch so gern den mond? ich sah ihn heute früh
und gleichzeitig das morgenrot über dem sagenhaft erfro-
renen see. das war schön.

(...) also ich komme mit den stützlehrern zurecht, würde
aber lieber allein arbeiten. also könnte ich mal bei dir sitzen? also ich störe dich auch nicht.

ich sehe einigermaßen getrost in die zukunft.

Hallo Kornelius,
(...) Also, Du bist einer von meinen besten Freunden. Hoffentlich bleiben wir noch sehr lange gut be-
freundet. Sicher, manchmal ist es schwer, aber noch
viel öfter gibt mir diese Freundschaft Kraft.
Ich liebe den Mond. Manchmal möchte ich ihn
mir die ganze Nacht lang ansehen (...)

liebe ines,
es ist ziemlich schwierig mit uns. ich konnte dich immer
ansehen im theater. du bist so hübsch und einmalig. du
bist deiner so sicher. ich dagegen habe probleme, meine
identität erstaunt zu finden. ein einsames glück ist es mit
dir, wir können nicht miteinander reden und freuen uns
doch am sein des anderen, ein einsamer strom bin ich, der
sich seinen weg bahnt, mächtig und qualvoll. du bist wie
ein springlebendiger bach, der allen eine freude ist. ich sehe
eine chance, wenn der bach in den strom mündet, haben
beide den gleichen lauf. sieh ein, daß das noch nicht so
weit ist. bis dahin senden sich bach und strom signale . . .

Lieber Kornelius,
(...) Der Stein soll Dir helfen, sprechen zu lernen
(...) Ich bin ganz sicher, daß Du es schaffst zu spre-

chen. Sei nur geduldig und gib nicht auf. Ich will Dir dabei helfen so gut ich kann (…)

liebe ines,

(…) ein stein, der mir beim sprechen hilft, ist toll. ich werde ihn mit mir tragen, dann klappt es bestimmt ganz leicht (…)

Auch Konstantin hat ein Mädchen, an das er vor dem Einschlafen denkt.

liebe lisa, recht lieb erscheinst du mir äußerlich, innerlich bist du richtig großartig (…)

(…) erteile mir erst recht unterricht im sprechen, ich weiß, daß ich es kann, es fehlt mir nur der mut. (…)

(…) tief inwendig liebe ich dich. ich werde inwendig auseinandergerissen, wenn ich dich sehe und bei dir sitzen darf (…)

(…) erteile mir einen lehrtag in eingrenzen des wissens. zertrümmere meine vielfalt und hilf mir beim ordnen. teile mir mit, ob du mit mir boot fahren möchtest. findest du zu uns?

Und Lisa schreibt zurück:
   Lieber Konstantin,
(…) Du weißt so sagenhaft viel und bist ziemlich klug, was das Leben betrifft (…)

(...) Ich könnte Dir noch soviel schreiben, aber ich kann meine Gedanken nicht so gut wie Du in Worte fassen (...)

(...) auch hoffe ich, daß wir in Zukunft öfter nebeneinandersitzen (...)

Sie sei sich schon ein bißchen komisch dabei vorgekommen, sagt Silvia Keulen; die Hand ihrer Söhne zu halten, während diese um ein Mädchen werben – andere Jungs in ihrem Alter würden ihre Briefe lieber herunterschlucken, als sie ihrer Mutter auch nur zu zeigen. Konstantin sieht das ganz nüchtern: das schreiben ist ein prozeß der inneren ordnung. ich bewältige ihn nicht allein. wer nur das empfinden hat, ich müßte mich gestört fühlen, täuscht sich. ich weiß, es macht den eindruck, doch ich kann es nur so und bin dankbar für die hilfe.

So hätte das Leben bleiben können: Alle paar Tage ein Liebesbrief, in der Schule Anerkennung und gute Noten. Wie immer in solchen harmonischen Zeiten kommen die Zwillinge ein ganzes Stück weiter mit der Sprache, trauen sich, auch ungefragt ein paar Worte zu sagen und Sätze, die tatsächlich zur Situation passen. Vor allem die feine helle Stimme von Kornelius ist immer öfter zu hören. Da klingelt zum Beispiel in der Klasse ein Handy, und Jörg Schäfer ruft zum Spaß: »Alarm, Alarm!« Und Kornelius laut und deutlich: »Nein, das war ein Handy!« So was ist neu und ein sicheres Zeichen dafür, daß sie sich geborgen fühlen. Über kleinere Unstimmigkeiten schauen die Zwillinge großzügig hinweg. Daß zum Beispiel die

Deutschlehrerin Kornelius als einzigem eine Eins in der Gedichtinterpretation gibt, aber den Satz folgen läßt: »Es wäre schön, wenn du dich im Unterricht genauso einbringen würdest.« Für Silvia Keulen mit ihren hochempfindlichen Antennen der Beweis dafür, daß der Lehrer eben doch nicht verstanden hat: daß ihre Kinder sich nicht verweigern, sondern nicht anders können.

Es hätte so bleiben können, blieb es aber nicht – der Moment, als dem Klassenlehrer mulmig wurde: Die Schüler sollen einen lateinischen Text über das Regierungssystem im alten Rom übersetzen. Jörg Schäfer stützt einen der Zwillinge. »Ich war in Gedanken schon weiter. Plötzlich schreibt der Junge einen Namen hin, der erst in dem Abschnitt auftaucht, an den ich gerade gedacht hatte.« Das gleiche in Mathe. Beim Stützen rechnet die Lehrerin im Kopf die Aufgabe mit, verrechnet sich, der Junge schaut sie spitzbübisch an und schreibt die falsche Lösung auf. Nahezu jeder, der die Zwillinge einmal gestützt hat, kann ein solches Beispiel erzählen. Astrid Ahlbrecht erinnert sich, wie die Klasse im Deutschunterricht aufgefordert wurde, ein bekanntes Märchen zu nennen. Astrid Ahlbrecht: »Mir fiel spontan ›Rumpelstilzchen‹ ein, und prompt schreibt der Junge in den Computer: ›Rumpelstilzchen‹!«

Keiner von ihnen hatte Ähnliches bisher erlebt, und keiner hatte eine Erklärung dafür. »Den Kollegen war das nicht geheuer«, sagt Jörg Schäfer, schaut ernst und verschränkt die Arme. Manche Lehrer fragten sich irritiert, ob die Zwillinge Einblick in ihre Gedanken hätten, andere befürchteten, daß nicht Kon-

stantin und Kornelius, sondern die Stützer selbst die
Antworten gäben, indem sie bewußt oder unbewußt
die Hand der beiden lenkten. Von außen zumindest
läßt sich nicht beobachten, von wem der Impuls aus-
geht. Annemarie Sellin, die inzwischen deutschlandweit Kurse für FC gibt, vergleicht das gestützte Schreiben mit dem Tanzen. Auch bei einem eingespielten
Tanzpaar sei für den Zuschauer nicht zu erkennen,
wer führt und wer geführt wird.

Die Frage also, wer schreibt. 1993 erschien in den
USA eine Studie mit dem Ergebnis, daß die Teilneh-
mer eines Versuchs nur dann die richtigen Bezeich-
nungen für Gegenstände finden konnten, wenn ihre
Stützer die Bilder ebenfalls gesehen hatten. 1998 ließ
ein anderes amerikanisches Forscherteam eine an-
gebliche Behinderte namens Jackie von verschiedenen Versuchspersonen stützen. Die Stützer bekamen
Informationen über die Herkunft und Eigenschaften
Jackies, die in Wahrheit nicht behindert und in den
Versuch eingeweiht war. Bei den anschließenden
Schreibversuchen kamen auf die entsprechenden
Fragen 98 Prozent richtige Antworten – sie mußten
vom Stützer stammen, da Jackie selbst gar nichts
über ihre fiktive Familie und ihre Charaktereigen-
schaften wußte. Dennoch waren so gut wie alle Stützer davon überzeugt, daß Jackie aus eigenem Impuls
geschrieben hatte.

Untersuchungen dieser Art gibt es zahlreiche, so
daß auch die Kölner Psychologin Susanne Nußbeck
die Methode in ihrem 2000 erschienenen Buch über
gestützte Kommunikation für überschätzt erklärte.
In keiner Untersuchung sei »auch nur annähernd der

volle Umfang der behaupteten Fähigkeiten bestätigt« worden. Gleichzeitig gab das Bayerische Ministerium für Arbeit und Sozialordnung die erste deutsche Studie heraus. Die Autoren Konrad Bundschuh und Andrea Basler-Eggen kommen darin zu einem anderen Schluß: »Bei korrekter Anwendung stellt Gestützte Kommunikation eine geeignete Kommunikationsmethode dar.«

Bei korrekter Anwendung – irgendwann lehnten die Zwillinge ihre Stützlehrerinnen ab, weil sie sich manipuliert fühlten. Schon nach wenigen Monaten hatte Astrid Ahlbrecht selbstkritisch in ihr Tagebuch geschrieben: »Ich bringe mich zu viel ein.« Die Schule habe die Kinder sehr gefordert, so daß sie sich selbst unter Druck gesetzt habe: »Wenn die beiden das nicht schaffen, ist das deine Schuld!« Also habe sie das eine oder andere Mal versucht zu beschleunigen, die Hand zu den Buchstaben zu lenken, die als nächstes kommen müßten.

Selbst die größten Befürworter des gestützten Schreibens wie Rosemary Crossley sehen dieses Problem. Gleichzeitig warnt die Australierin jedoch davor überzureagieren. »Es muß anerkannt werden, daß wir alle uns gegenseitig, bewußt oder unbewußt, beeinflussen. Die Entdeckung, daß zwei Menschen, die unter schwierigen Umständen zusammenarbeiten, um eine Kommunikationsmöglichkeit einzurichten, sich gegenseitig beeinflussen, hat nichts Entsetzliches oder Überraschendes.«

Astrid Ahlbrecht hatte die besten Absichten, aber genau die gingen nach hinten los. »Plötzlich haben die beiden einfach blockiert«, sagt die Stützlehrerin, und das klingt enttäuscht, weil sie die Zwillinge doch mag und Konstantin und Kornelius sie ihrerseits ebenfalls mögen und heute noch gerne in ihrem verwilderten Garten besuchen. Aber offensichtlich reicht das nicht. Auch mit ihrem Vater schreiben die Zwillinge nicht. »Wir haben es am Anfang probiert und dann später noch mal, aber immer ohne Erfolg«, erzählt Peter Keulen und findet keine rechte Erklärung. Vielleicht fehle ihm einfach das Gefühl dafür, oder es liege daran, daß Söhne zu ihren Vätern immer ein spezielles Verhältnis hätten. Ein bißchen traurig mache ihn das schon. »Aber so verständigen wir uns eben auf andere Art. Die Jungs teilen sich über Gesten, Augenkontakt oder bestimmte Verhaltensweisen mit. Ich weiß immer, was sie meinen.«

Sie schreiben nicht mit ihrem älteren Bruder, nicht mit ihrem Opa, nicht mit ihrer früheren Betreuerin Johanna Richter und ab einem bestimmten Zeitpunkt auch nicht mehr mit ihrer engen Vertrauten Anke Heinrich. Am Ende schreiben sie nur noch mit der Mutter, und daß die Jungs so wählerisch sind, beweist vielleicht zuallererst, daß sie unter keinen Umständen die Texte anderer Menschen produzieren wollen, sondern unbedingt ihre eigenen. schlechte stützer erzeugen felder, die wir nicht überwinden (...) sofort höre ich auf zu schreiben, wenn ein stützer mich beeinflußt, schreibt Kornelius. Und er schreibt noch etwas: kümmerlich ist das gerede um die stütze. Denn jede neue Diskussion bedeutet einen neuen Zweifel an seiner Person, eine neue Kritik, ein weiteres Bohren in der Privatsphäre.

»Es ist nicht lustig, ständig von allen Seiten beleuchtet zu werden wie eine gläserne Familie«, sagt auch Annemarie Sellin in vehementem Ton. Sie selbst hat sich irgendwann schlichtweg geweigert, weitere Fragen zu ihrem Sohn Birger und zu ihrer Familiensituation zu beantworten. Konstantin und Kornelius können sich nicht weigern. Sie wollen ihr Abitur machen, und dafür müssen sie »in das Regelwerk der Schule integriert werden können«, wie es Schulleiter Gerd Bandelow ausdrückt. Er sieht eine Menge Schwierigkeiten dabei, doch auch der Schulleiter kann Beweise dafür nennen, daß die Jungs ihre Texte selber schreiben. »Immer wieder haben die Zwillinge zu Hause Unterrichtsstoff aufbereitet, den die Mutter unmöglich kennen konnte. Die Informationen können also nur von ihnen stammen.« Beispielsweise habe er mit der Klasse in Abwesenheit der Mutter ein königliches Jagdschloß der Renaissance-Zeit besprochen, und die Zwillinge hätten die anschließenden Fragen zu Hause souverän beantwortet.

Konrad Bundschuh und Andrea Basler-Eggen nennen in ihrer Studie weitere Beweise für die Authentizität der Texte von FC-Schreibern: Sie bleiben ihrem Stil treu, auch wenn sie mit verschiedenen Personen schreiben. Sie schreiben manche Wörter falsch, die der Stützer richtig schreiben würde. Beides traf auf die Zwillinge zu. Es sollte nicht mehr lange dauern, bis sie ein weiteres Kriterium erfüllen würden. Eines, das viel mehr als nur formale Bedeutung für sie haben würde. Bundschuh/Basler-Eggen: »Einige FC-Schreiber können nach entsprechendem FC-Training ohne bzw. mit sehr wenig physischer Stütze schreiben.«

Zu dem damaligen Zeitpunkt aber waren die Zwillinge noch von der Berührung des Stützers abhängig.

Kornelius: ich bereite mir eine hilfe im ordnen meiner zu schnellen gedanken. die gedanken erlauben sich ein eigenes dasein. erlauben sich, einen gegenstand von vielen seiten zu beleuchten und ich muß nach dem gefragten filtrieren, vertiefen, formulieren und aufschreiben. das gelingt mir nur durch den stop, den die stütze mir gibt.

In dem Moment aber, in dem Konstantin und Kornelius nun nicht mehr mit den Lehrern schrieben, waren sie von einem Tag auf den anderen wieder ihrer Sprache beraubt. Ab sofort waren sie in der Schule nur noch Zuhörer. Zu Hause faßten sie den Unterrichtsstoff gestützt von der Mutter zusammen, bei Klassenarbeiten hockte sich die Mutter mit in die Bank, stützte erst den einen, dann den anderen. Gern tat sie das nicht, jeder einzelne dieser Termine mit ihren Söhnen verringerte deren Selbständigkeit und ging auf Kosten ihrer eigenen Zeit. Entweder mußte sie ihre Praxis schließen oder auf ihren freien Tag verzichten, so daß sie manchmal erst am Abend, Füße hoch, ein Glas Rotwein, richtig ausatmen konnte. Oft blieb die Anstrengung auch dann noch auf ihrem Gesicht liegen, die Hand mit der Zigarette zitterte. Silvia Keulen stöhnt über die Rennerei und darüber, wie langweilig es sei, zweimal hintereinander vier Stunden zu stützen. Nicht mitdenken zu dürfen, nicht abdriften zu dürfen. »Wohl fühle ich mich auch nicht, als Mutter mit in der Schulklasse zu sitzen. Da habe ich einfach nichts zu suchen.« Und auch, wenn sie während so einer Klausur dann doch immer wieder die Kurve kriegt und gespannt beobachtet, wie denn der eine die Aufgabe löst und wie der andere, erzählt sie von ihrem Unwohlsein bewußt laut, bewußt energisch, denn diese Ansage gilt auch ihren Söhnen: Ich bin für euch da, wenn nötig, aber dies kann nicht das Ende sein. Arbeitet daran, ohne mich klarzukommen!

Damals jedoch konnten die Zwillinge nur mit ihrer Hilfe überhaupt an Bord bleiben, wenn auch nicht mehr als Mannschaftsmitglieder, sondern nur noch als Passagiere. Die Lehrer sprachen sie kaum noch an. »Es ist schwierig, die Motivation zu behalten, wenn man einen Schüler nicht einbeziehen kann. Wir haben mit vielem experimentiert, vier Jahre lang, aber die Erfolge blieben aus«, sagt Schulleiter Bandelow. Und mehr und mehr wurde den Lehrern bewußt, daß sie im Umgang mit den beiden Laien waren, das Abenteuer wurde ihnen unheimlich, und die »völlig andere Denkstruktur« der Zwillinge rief nun nicht mehr Begeisterung hervor, sondern verunsicherte die Pädagogen. Jörg Schäfer: »Es gelingt uns einfach nicht, diese Struktur nachzuvollziehen und sie unserer anzugleichen.«

Freitag vormittag, sechste Stunde. Jörg Schäfer verteilt Zettel zur »Planung der Schullaufbahn«. Die Schüler sollen ihre Abifächer bestimmen. »Für die Zwillinge auch, Herr Schäfer?« fragt der Junge, der die Zettel verteilt. »Ja für die Zwillinge auch« – obwohl zu diesem Zeitpunkt längst Zweifel im Raum stehen. Niedergeschlagen radeln die Jungs nach Hause. ich möchte abitur machen, schreibt Kornelius in den Computer. Jörg Schäfer verschränkt die Arme. »Ich weiß es nicht.«

Auch Schulleiter Bandelow machte nun, angesprochen auf dieses Thema, ein sorgenvolles Gesicht. »Das Regelwerk der Schule richtet sich immer mehr gegen sie.« Das fange damit an, daß die Zwillinge nur in Kleinbuchstaben schreiben. Auch sei er skeptisch, ob sie den Umfang der Klausuren und Tests bewältigen können. Die Regeln sähen vor, daß alle Kinder die Klausuren gleichzeitig schreiben. »Wie soll die Mutter es schaffen, bei vierstündigen Arbeiten zu stützen? Und zwar beide Jungs?« Natürlich wolle auch er, daß Konstantin und Kornelius ihr Abitur machen, aber man dürfe es ihnen nicht hinterherwerfen. »Es müßte ein Abitur sein, das auch in Bayern anerkannt wird.« Die Lösung erhoffte er sich vom Brandenburger Bildungsministerium, und tatsächlich sollten die Zwillinge hier einen weiteren Verbündeten finden. Am Friedrich-Wilhelm-Gymnasium in Königswusterhausen würden sie ihre Abitur-Prüfungen dennoch nicht ablegen.

In dem allgemeinen Klima der Skepsis blieb ein großes Ereignis fast unbemerkt, das mit dem Schreibmaschinenprogramm »Tipsi« begann. Silvia Keulen hatte es in der Hoffnung besorgt, ihre Söhne über diesen Umweg zum selbständigen Schreiben zu bewegen. Wochenlang, monatelang übten sie auf der Tastatur das Buchstaben-Finden nach Tipsi und tatsächlich ging der Plan auf. Zwar brauchten die Zwillinge weiterhin Hilfe, aber nun eine viel dezentere. Keine Hand mehr unter ihrer Hand, nicht mehr am Arm, nicht an der Schulter – überhaupt keine Berührung mehr. Statt dessen begleitete Silvia Keulen die Hand des schreibenden Jungens nur noch, indem sie ihre eigene wie einen Schirm darüberhielt. Und der Junge schrieb, wenn auch noch recht langsam. Kornelius: anfangs erneuerten die tasten ständig ihren ort. ich war gezwungen, nüchtern die mechanik zu erlernen. das übungsprogramm für schreibmaschine half mir ein treffliches gerüst zu schaffen. nun meistere ich die tasten und sie entziehen sich nicht. ich habe die berührung des stützers durch dieses gerüst ersetzt.

Ihrem Ziel, alleine schreiben zu können, waren sie damit ein ganzes Stück näher gekommen, aber doch nicht nah genug, um ihre Mitschüler noch erreichen zu können. Alleine in der Schulbank sitzend, blieben sie stumm. In ihren Texten hatten Konstantin und Kornelius immer wieder Klugheit, Charme und Humor gezeigt und die anderen für sich eingenommen. Per Stütze hatten sie sich mit ihnen unterhalten können. Diese entscheidende Seite fiel nun weg und geriet mehr und mehr in Vergessenheit. Übrig blieben zwei Jungs, die sich manchmal komisch verhielten.

»Manchmal sind sie ein bißchen lästig. Wenn sie zum Beispiel mit Kastanien herumwerfen, um auf sich aufmerksam zu machen«, sagt eine Schülerin aus der hinteren Reihe, hochgezogene Knie, Batiktuch um den Hals. Ein paar Jungs aus der Parallelklasse würden die Zwillinge deshalb verarschen, dabei könne man doch ganz normal mit ihnen reden. Das klingt etwas ratlos, als müsse sie sich selbst überzeugen. Und sie schiebt nach: »Ich finde es total schade, aber ob die beiden da sind oder nicht, spielt eigentlich keine Rolle.« Den Zwillingen ging die Puste aus: eine schwere sünde giert in uns. wir sehnen uns nach mittelmaß.

Wenn sie die Mädchen jetzt an der Hand zogen oder am Arm drückten, fanden diese es unangenehm und wollten sie möglichst schnell abschütteln. Und dann hörten auch die Briefe auf. Zuletzt schrieb Ines an Kornelius:

Lieber Kornelius!

Ich weiß, Du hast recht, auch wenn ich es vor mir nicht so gerne zugebe! Unbewußt und bewußt sucht man immer nach einem Freund, der anerkannt ist. Obwohl ich im Moment eigentlich ganz gut ohne einen Freund sein kann – glaube ich (...)

Und Konstantin verabschiedete sich von Lisa:

liebe lisa,
ich werde dich nun nicht mehr beachten. es ist mir klar, daß du dich absondern willst von allen. sei einmal sagenhaft kontaktfreudig und suche dir einen freund oder eine freundin. ich habe kornelius als freund und bruder. ich bin nicht allein. erstmal alles gute und tschüß
dein konstantin

Traurig klingt das, aber es klingt nicht verzweifelt, nicht verbittert. Egal, was passiert, Konstantin und Kornelius behalten ihre positive Grundeinstellung. Oft sind sie sogar erstaunlich gelassen, erstaunlich weitsichtig, sehr klar, fast weise. In ihrer Familie sind die Zwillinge mehr und mehr in eine besondere Stellung hineingerutscht. Jünger als alle anderen, wurden sie im Laufe der Jahre zu deren Beratern. Vor allem Tobias, inzwischen von zu Hause ausgezogen, bespricht fast jede Lebenssituation mit den Zwillingen. In seiner Berliner Studenten-WG steckt er so mitten im Leben, daß er hin und wieder die Orientierung verliert. Da erscheint der Alltag kaum zu bewältigen, sein Medizinstudium, sein Praktikum in Sydney, die Sehnsucht nach einer Freundin. Viele Telefonate mit seiner Mutter enden mit der Bitte: »Sag den Zwillingen, sie sollen was dazu aufschreiben.« Die Zwillinge schreiben:

hi tobi, (...) kindisch finde ich dein verlangen nach der frau. untersuche die möglichkeit, ruhig seinszustände ohne frau zu erlangen. ich denke, richte dich erstmal ohne frau ein. einige erdenklich gute freunde werden dein leben begleiten (...)

hi,
du bist ziemlich kindisch. erdenke weisheit und du wirst sie sehr bald erlangen. mit einem trefflichen mut erkämpfst du ein feuriges examen. ich rate dir, sehr viel zu meditieren und ablenkungen zu meiden (...)

Tobias: »Im ersten Moment hört man so was gar nicht gerne, aber oft sprechen die beiden genau das aus, was ich mir selbst schon gedacht habe. Und im nachhinein mußte ich jedesmal feststellen, daß sie recht hatten.«

Juni 2001. Die Zwillinge sind fünfzehn und helfen ihrer Mutter bei einer Entscheidung, die auch für ihr eigenes Leben große Konsequenzen haben sollte. Während Silvia Keulen noch zögert, unsicher abwägt, sind sich Konstantin und Kornelius schon sicher: es ist besser, wenn ihr beide euch trennt. »Es ging nicht mehr«, sagt im nachhinein auch Tobias, seit längerem sei die Ehe seiner Eltern nur noch ein Nebeneinander gewesen, wenn auch ein freundliches. Mehr will er, will keiner der Keulens dazu sagen, weil es ihre eigene private Geschichte ist und weil sie es auch bleiben soll. »Die Zwillinge haben mich damals immer wieder bedrängt, den Schritt zu tun und zusammen mit ihnen auszuziehen«, sagt Silvia Keulen. Weg aus dem Haus, das nach zwei seiten auf den see blickt und sich lobt durch seine ausgewogenheit, aber auch weg aus Senzig, weg aus der Schule in Königswusterhausen. Bis zur zehnten Klasse hatten die Jungs auf dem Friedrich-Wilhelm-Gymnasium durchgehalten, jetzt wollten sie nicht mehr, und so kam der Tag, an dem Silvia Keulen, wie immer nervös bei solchen Terminen, nach Potsdam zum Ministerium fuhr. Platz nahm auf dem Besucherstuhl in dem kleinen Büro von Oberschulrat Ulrich Ernst und erklärte, daß sie mit ihren Söhnen nach Potsdam ziehen wolle und eine neue Schule für die beiden bräuchte. Es sollte der vorerst letzte große Schnitt im Leben der Zwillinge werden, der letzte große Neuanfang.

Eben hatte Ernst aus Königswusterhausen den Vorschlag bekommen, den Zwillingen nur noch Gastschülerstatus zu geben. Dem Kollegium war die Sache zu kompliziert geworden, schließlich müsse man sich auch um die anderen Schüler kümmern. Immerhin habe man vier Jahre lang mit den Zwillingen gearbeitet und ihnen sogar einen Abschluß ermöglicht, betont Direktor Bandelow. Ernst: »Man kann der Schule keinen Vorwurf machen. Sie hat es versucht, aber es hat eben nicht hingehauen. Das ist zutiefst menschlich.« Begeistert habe ihn die Gastschüler-Idee von Anfang an nicht, aber er habe auf keinen Fall gegen die Schule entscheiden wollen. »Und dann kam dieser überraschende Umzug!« Er lehnt sich zurück, lacht verschmitzt. Ein gemütlicher Mann mit grauen Haaren, grauem Bart, randloser Brille. Einer, dem es gefällt, Dinge möglich zu machen.

Quer durch die Bundesrepublik habe er sich umgehört, ob es einen vergleichbaren Fall gebe, aber auch er habe feststellen müssen, daß es deutschlandweit keine Vorbilder gibt. Also suchte er zum einen nach der richtigen Schule, zum anderen nach dem richtigen Modell für die Zwillinge. Ein paar Tage später klopfte die Frau an Ulrich Ernsts Tür, die ihm bei beidem helfen würde. Ortrud Meyhöfer, seit Anfang der neunziger Jahre Leiterin der Voltaire-Gesamtschule. Seit ihrem Amtsantritt hörte man aus dem einstigen Problembetrieb nur noch Positives: Lehrer wie Schüler seien motiviert, die Gesamtstimmung sei gut und die Lust auf Experimente an allen Ecken spürbar. Ernst: »Ich hatte gleich das Gefühl, daß die Zwillinge dort am richtigen Platz sein würden.« Und Ortrud Meyhöfer fühlte sich herausgefordert.

Wieder einmal bekamen Konstantin und Kornelius einen neuen Rahmen verpaßt. Einen, der sowohl den Verordnungen der Kultusministerkonferenz gerecht wurde, als auch ihrer individuellen Situation. Die Stützlehrerinnen würden nicht mehr mit dabeisein. Silvia Keulen: »Die beiden Frauen waren in Ordnung, aber das System war einfach falsch.« Konstantin und Kornelius würden abgesehen vom Sportunterricht die gleichen Fächer belegen wie ihre Mitschüler. Ulrich Ernst: »Über den sogenannten

Nachteilsausgleich können wir an einer Stelle vom Regelwerk abweichen.« Gleichzeitig achtete er penibel darauf, daß den Zwillingen auch in Zukunft Leistungen abverlangt würden, die mit denen der anderen Schüler vergleichbar wären. Also deklarierte er zum Beispiel die mangelnde Groß- und Kleinschreibung als mechanisches Problem, nicht als intellektuelles. »Im Mittelhochdeutschen kam man auch ohne Großbuchstaben aus!« Statt dessen würde überprüft werden, ob die Zwillinge die Wörter an sich richtig schreiben und ihre Punkte und Kommata korrekt setzen. Statt im Kunstunterricht Bilder zu malen, sollten die Zwillinge zum Beispiel Kunstwerke schriftlich interpretieren. Bei den Klausuren würde wie gehabt die Mutter ihre Söhne stützen, und zweimal in der Woche würde sie einen Tag mit ihnen auf der Schulbank verbringen, damit die beiden sich auch im Unterricht einbringen und mit den anderen Kindern kommunizieren könnten. Noch bevor Konstantin und Kornelius die Voltaire-Gesamtschule zum ersten Mal betreten hatten, spielte Ernst im Kopf mögliche Szenen für ihre Abiturprüfung durch. Daß sie zum Beispiel zur mündlichen Prüfung ganz einfach ihren Laptop mitnehmen und ihre Antwort während des Schreibens mit Hilfe eines Beamers an die Wand projizieren würden.

Das klingt so einfach, so spielerisch, aber auch Ernst gibt zu, unsicher zu sein. »Ich kann mir eine Menge Probleme vorstellen. Was ist, wenn auch nur einer aus dem Konzert von acht Lehrkräften aussteigt? Was ist, wenn die Zwillinge zum Beispiel in der Zwölf einen Durchhänger haben? Entwicklungspsychologisch wäre das nichts Besonderes! Wie alle anderen Jugendlichen machen auch die beiden verschiedene Phasen durch.« Dennoch sehe er es als seinen Auftrag an, genau für solche Fälle Lösungen zu finden. »Wenn diese Gesellschaft es nicht hinkriegt, Schüler wie Konstantin und Kornelius zu integrieren, dann gehört sie ausgetauscht. Daran messe ich ein Bildungssystem.« Und die Frage, die zuletzt aus Königswusterhausen kam, ob denn die Zwillinge überhaupt ein Abitur bräuchten, mache ihn richtig sauer. »Kein anderer Schüler wird danach gefragt! Das ist eine individuelle Entscheidung, egal, ob es dabei um die Selbstverwirklichung geht oder vielleicht trivial um den Gelderwerb – die Mutter lebt ja auch nicht ewig.«

Mit einem einzigen Möbelstück aus ihrem Haus, einem weinroten Ledersofa, zogen Silvia, Konstantin und Kornelius Keulen aus dem Dorf in die Großstadt. Von Senzig nach Potsdam, in eine Altbauwohnung, keine fünf Minuten vom Schloß Sanssouci entfernt, in einem ehemaligen Villenviertel, in dem heute zerfallene Ruinen neben renovierten Prachthäusern stehen, kleine Kramläden neben Nobelitalienern. Tobias brachte aus seiner Studentenwelt bunte Tücher mit, die er zu Vorhängen machte, und Maurerkellen, aus denen er Garderobenhaken baute. Anke Heinrich, die Frau fürs Praktische im Leben der Zwillinge, übte mit ihnen die Wege ein; zu Fuß, mit dem Rad, mit der Straßenbahn, dem Bus. Typisch autistisch wäre es gewesen, wenn der Umzug bei den Zwillingen Angst und infolgedessen Rückzug verursacht hätte. Sie aber wuchsen mit der vergrößerten Welt.

Sie genossen die Aura einer lebendigen Großstadt, die ihnen die Freiheit gab, unerkannt zu bleiben. In Senzig hatten fast alle der 2500 Einwohner die ungewöhnlichen Zwillinge der Kinderärztin zumindest aus der Ferne gekannt. Gingen sie in Potsdam alleine einkaufen, was sie nun taten, waren sie irgendwelche Jungs. Fuhren sie mit ihren Fahrrädern alleine zum Gottesdienst – in Senzig hatte sie noch ihr Vater begleitet –, saßen sie in der Bank wie die anderen Besucher. hier sind wir einfach menschen wie alle. gemeinhin ist das ein großes glück. In der Voltaire-Gesamtschule bastelte die Schulleiterin eine Klasse von geeigneten Schülern um die Zwillinge herum, und sie suchte ihnen, wie sie sagt, »tolle Lehrer« aus.

Konstantin und Kornelius traten an in einer Phase, in der die Schule, ein grüner Plattenbau, von Grund auf renoviert wurde, so daß die Klassenzimmer nicht mal mehr mit Nummern versehen waren. Ein bißchen Chaos kombiniert mit handfestem Schwung und Charme. Für die Jungs ein euphorischer Schulbeginn, um sie herum freudig erwartungsvolle Schüler- und Lehrergesichter. Aber was bedeutete das? Gerd Bandelow schränkt ein, daß so ein Neuanfang mit Vorsicht zu bewerten sei. Auch auf dem Gymnasium in Königswusterhausen seien die Probleme erst später gekommen.

Es mag an der positiven Energie der Voltaire-Gesamtschule liegen oder daran, daß sie die Chance hatte, alte Fehler von vorneherein zu vermeiden. Oder auch an einem speziellen Schlag Kinder hier auf der Gesamtschule, die Silvia Keulen als erfrischend unkompliziert und lebenspraktisch bezeichnet und deshalb genau richtig für ihre Söhne. Neulich habe sie eins der Mädchen auf seine tolle Gesichtsfarbe angesprochen. Und das Mädchen unbekümmert: »Ich gehe regelmäßig auf die Sonnenbank.« Silvia Keulen: »Ich fand das so klasse, daß ich anschließend auch ins Solarium gegangen bin.« Tatsache jedenfalls war, daß nach drei Monaten folgendes passierte: Die Zwillinge drückten ihr Kreuz durch, liefen selbstbewußt durch die Gänge, begrüßten ihre Mitschüler per Handschlag, sprachen soviel wie nie. Das Schreiben ohne Berührung ging auf einmal so schnell, daß sie mit ihren Klausuren oft als erste fertig waren, und auch ihre Zeugnisse waren Beweis für ihr Wohlbefinden. Als Jahrgangsbeste schlossen sie die elfte Klasse ab.

»Am Anfang hatten wir Angst, daß sie extrem intelligent sind und uns alle überflügeln«, erinnert sich Julia, 16 Jahre, grüne Augen, rote Haarsträhnen und so aufwendig geschminkt, daß sie morgens sicher eine gute halbe Stunde dafür einrechnen muß. Andererseits sei die Klasse ein bißchen irritiert gewesen, weil die beiden sich manchmal benommen hätten wie Kleinkinder. Da habe es sehr geholfen, wenn die Lehrer die Texte der Zwillinge im Unterricht diskutierten. Bald wußten die Schüler sehr genau, wie sie Konstantin und Kornelius zu nehmen hatten – und wie nicht. Wenn die Deutschlehrerin zum Beispiel einen Interpretationsvorschlag für ein Gedicht der Zwillinge macht, melden sich nun immer wieder Schüler, die erklären, warum die Jungs es auch ganz anders gemeint haben könnten.

Und irgendwann bekamen die Auftritte von Kon-

stantin und Kornelius etwas völlig Selbstverständ-
liches. Wie es eine Julia gab, die unter der Bank mit
ihren perlmuttfarbenen Fingernägeln ganze Schul-
stunden lang Handytasten drückt, eine kaugummi-
kauende Steffi, die immer alleine in der Bank sitzt,
einen Alexander, Nickelbrille, Adidas-Sweatshirt, der
zwar gerne mal einen Spruch macht, aber immer darauf achtet, niemanden zu verletzen, war da eben
auch ein Kornelius, der einen Computer mit in den
Unterricht brachte und einen Stoffesel daneben-
stellte, und einen Konstantin, der lieber aus dem Fenster guckte, als die richtige Seite in seinem Biobuch
aufzuschlagen. Und zweimal in der Woche gab es
eine Silvia Keulen, die ihren Söhnen half, auf die Fragen der Lehrer zu antworten. Und die manchmal ver-
stohlen in die Hand gähnte – ihr Pensum war nicht
weniger geworden, im Gegenteil. Mit jedem Schuljahr wurde das Programm der Kinder dichter, und
da die Zwillinge nach wie vor jede einzelne Aufgabe
schriftlich lösen mußten, verbrachten die drei manches Wochenende am Schreibtisch ihrer Altbauwohnung mit Hausaufgaben.

   In diese vollgepackte Zeit kam Anke Heinrich mit
einem neuen Vorschlag. Sie hatte sich überlegt, daß
sich die Jungs gegenseitig stützen könnten. »Dann
wären sie unabhängig von einer weiteren Person.«
Aber Silvia Keulen mußte passen. »Ich hatte einfach
keinen Nerv mehr dafür, auch wenn die Idee vielleicht nicht schlecht war.« Also setzte sich die Lehrerin alleine mit den beiden hin, begann zu üben, aber
viel kam dabei nicht heraus. Die Zwillinge zogen
nicht mit. Ohnehin scheint die letzte Hürde vor dem

eigenständigen Schreiben weniger mit dem Autismus zu tun zu haben als mit einem Abnabelungsprozeß zweier jugendlicher Söhne von ihrer Mutter. Kornelius:

ich werde ein physisches anwesendsein des stützers durch ein inneres gerüst ersetzen und die aversion gegen das sachliche alleinsein überwinden. denn ich liebe die anwesenheit meiner mutter beim schreiben und will sie noch nicht verlassen. doch sie will mir die unabhängigkeit erteilen und ich werde sie annehmen.

Schritt für Schritt. Jetzt geht es erst einmal darum, das Abitur zu bestehen. Danach?

Silvia Keulen ist überzeugt, daß ihre Söhne später ein eigenständiges Leben führen werden. Tobias: »Sie schaffen ja heute schon vieles alleine.« Ortrud Meyhöfer: »Aber sie werden zumindest jemanden zur Unterstützung im Hintergrund brauchen.« Astrid Ahlbrecht: »Vielleicht eine Frau. Oder sie ziehen in eine betreute Wohngruppe.« Peter Keulen kann sich vorstellen, daß sie Theologie studieren und als Wissenschaftler im stillen Kämmerlein forschen. Ulrich Ernst: »Ich habe selbst an der völlig unübersichtlichen Uni Bochum studiert und mich ständig in den Gebäuden verlaufen, während ein blinder Kommilitone alles souverän gefunden hat. Warum sollten die beiden nicht auf ähnliche Weise zurechtkommen können?« Anke Heinrich: »Man sollte langsam die Fühler ausstrecken. Schon mal Kontakt zur Universität aufnehmen.«

Und die Zwillinge?

hier, in potsdam, können wir studieren – philosophie, literatur, soziologie. ich denke, gemeinsam werden wir es gut schaffen und vielleicht einmal artikel und bücher schreiben oder eine kolumne in einer zeitung haben, wo wir witzig und bissig über tagesereignisse schreiben. dazu hätte ich lust.

Noch zwei Jahre, bis die Welt wieder neu beginnt.

Teil II

DICHT KANN DAS GLÜCK
HIER SEIN

TEXTE UND GEDICHTE 1996–2002

Silvia Keulen: Was vermutest du, was dich am aktiven
Sprechen hindert?

wer sprechen tun will der untersucht ein problem
herausgefordert
und für mich untersuche ich in der stille
und wer laut spricht der zerstört seine welt
eine welt die würdig ist und weiterbestehen soll.

Kornelius, 6. 6. 1994

Silvia Keulen: Schreibe über eine Fliege.

hier zu hause wohnte eine fliege. sie saß auf gutem
essen. da kam kater ramses und haute mit seiner pfote
auf hurtig zu, zerstörte dabei das essen und wir mußten hungrig bleiben.

Konstantin, 25. 6. 1994

Silvia Keulen: Schreibe über einen Käfer.

es war einmal ein zarter käfer. der wohnte in senzig.
in dem garten war auch unser kater. ohne uns wollte
zarter käfer nicht zu hause sein. kater ramses unter-
suchte den käfer und machte ihm ununterbrochen
billige bunte tirzhe da lief der käfer weg.

Kornelius, 26. 6. 1994

Weihnachtsgrüße für Familie Richter

ich habe so viel faßbare freude
bei euch und so viel glück.
asasa so schön ist es bei euch.
zaghaft drücke ich euch ganz lieb.
dadurch seid ihr immer in meinem
herzen.
euer kornelius

24. 12. 1995

ewig labe ich mich an eurer liebe.
wahr ist, daß solche lieben
menschen uns helfen, zu leben.
richtig ist, daß solche ehrenwerten
menschen innwendig passend
sind für uns. alles, alle labsal
wünsche ich euch.
euer konstantin

24. 12. 1995

Israel, 2. Tag

ich zugereister finde israel interessant. ich sehe ein
armes land, das hier entsteht und tierisch viele
probleme hat mit dem krieg und der existenz.
erwartungsgemäß ist die gruppe sehr nett zu uns.
ich erwerbe großes selbstvertrauen, weil sie uns
nicht abfällig behandeln. ich unterscheide zwischen
interessanten und langweiligen leuten.

Kornelius, 14. 4. 1995

Nach einem Besuch der Altstadt von Jerusalem

ich habe viel gesehen und wenig verstanden von den
dauerhaften religionen auf der welt. juden sind unter-
drückt in der welt, ich aber überlege, ob ich nicht
sofort in israel leben möchte, denn hier können viele
verschiedene menschen zusammenleben. trotz krieg
leben hier die menschen falsch zusammen, denn
sofort stellt jeder seinen gott so dar als wenn er der
einzige wäre.
oasen sind die kirchen. dort können alle sein. aber jeder
in seiner kirche. das ist falsch.

Kornelius, 20. 4. 1995

Nach dem Besuch der Holocaust-Gedenkstätte
in Jerusalem

ich interessiere mich für die geschichte der juden, weil
sie wenige waren.
ich überlege, ob man so schlecht sein kann, um diese
ungeheuerlichkeiten andauernd zu tun. interessant
ist die reaktion der lebenden. problematisch ist die
kultivierung des hasses. wo haß ist, da entsteht krieg,
der ohne außergewöhnliche anstrengungen nicht
verhindert werden kann.
immer müssen die kinder am meisten leiden.
oberirdisch ist alles in ordnung, aber in der stille
der tiefe ist das licht der toten kinder, die weiter in
uns leben.
ohne dieses ohnmächtige wissen werden wir keine
neuen greueltaten verhindern können. problematisch
ist ohnmächtig sein gegen den haß.

Konstantin, 19. 4. 1995

Silvia Keulen: Wie war's denn heute in der Schule?

ich gehe immer gern in die schule, weil dort kinder
sind, mit denen ich lernen kann. ostentativ finde ich,
daß lernen eine scheißarbeit ja eine jochhafte immer
wiederkehrende beschäftigung ist. tatsache ist, daß ich
so nicht lernen will. ich will so lernen, daß ich immer
neue sachen erfahre, so daß ich denken muß. aber
teilweise irren sich die lehrer und interpretieren
sachverhalte unvollständig. suchtartig sehe ich
dauernd unvollständiges wissen. probeweise halte
ich einen unterricht an einem gymnasium für sinnvoll,
denn dort wird wissen gelehrt, das unheimlich
konzentriert ist.

Kornelius, 1.11.1995

Nach der Theateraufführung »Nathan der Weise«,
gesehen im April im Deutschen Theater in Berlin

es war ein außergewöhnlicher theatertag. alles stimmte
so gut, daß es rasch sichtbar wurde, was das eigentliche anliegen sein sollte. quasi eine religion soll es auf
der welt geben, wo einer des anderen freund ist. nur
ein guter gott sieht auf die welt und sagt allen, wie sie
ahlah sehen sollen. haufenweise sah ich schauspiel-
kunst in höchster vollendung. wahr war das spiel auf
der bühne und wahr waren die worte. wenig ereignete
sich auf der bühne und trotzdem war es spannend bis
zur letzten silbe.
wahr ist, daß wir solche zukunftsweisenden kaskadenförmig denkende menschen brauchen.

Kornelius, 3.6.1996

Phantasiegeschichte

sie erwachen

die dinosaurier erwachten aus einem langen schlaf.
es war im jahre 2020. meine kinder kamen gerade aus
der schule. ein riesiger furchterregender dinosaurier
versperrte ihnen den weg. passiv mußte ich zusehen,
wie sie versuchten ins haus zu gelangen. warum konnte
ich nicht helfen? alles war von dinosauriern versperrt.
also lief ich in die küche und holte ein großes messer.
damit rannte ich auf die bösen tiere zu. wissentlich
lenkte ich sie von den kindern ab. sie liefen alle auf
mich zu und die kinder konnten ins haus. nun mußte
ich die bestien loswerden. überlegen achtete ich auf
das stärkste tier. ich jagte ihm einen gehörigen schreck
ein. es lief panikartig sofort weg und alle hinterher.
ostentativ suchte ich lachend auszusehen, um meine
kinder nicht zu beunruhigen.

Konstantin, 14.9.1996

Nach der Theateraufführung »Oedipus« im Deutschen
Theater, Berlin

oedipus

auffällig war die aussagesicht finsterer drohungen
durch das orakel. also dementsprechend wertete ich
solche situationen wie die ankunft des sehers. er appel-
lierte an alle das vergangene ruhen zu lassen, passiv
sollten sie bleiben. oedipus aber sah keine warnung,
sondern wütete weiter in der suche nach der wahrheit.
sie traf ihn widrig und unvorbereitet.
argumente sah er nicht. deshalb blendete er sich.
asymptomatisch durchlief er sicher sein schicksal.
asymptomatisch achtete er auf sein orakel.
spaßig, dusselig, auf jeden aufeinanderfolgenden zau-
dernden anschiß reagierte sein schwager unterwürfig
und dauernd eigensinnig.
wichtig fand ich die haltung der mutter, die sich
dadurch ächtete, indem sie sich erhängte. ihre eheliche
liebe zu ihrem sohn mußte fortan unterbleiben.
treu, geachtet und geliebt verbrachte sie ihr leben.
jetzt ereilte sie ihr schicksal.
so erfüllte sich das orakel.

Konstantin, 8. 12. 1996

Fragen der Eltern: Wie hört ihr?
Warum sprecht ihr nicht?

zuerst interessiere ich mich für immerwährendes glück
auf der welt, aber ich ordne noch mindestens jeden
interessanten ton falsch zu so außergewöhnlich, daß
ich falsch reagiere. immer muß ich alles umdenken,
ehe ich einen wertvollen entschluß fassen kann. wert-
voll heißt, daß ich leicht etwas tun kann, was verlangt
wird. possierlich ist der hund. er tut nur instinktiv alles,
was er will. er muß nicht nachdenken, wie er etwas tun
muß. er rennt umher und hat keine angst, daß er etwas
nicht richtig macht, so als ob alles so sein müßte wie er
es macht. ich muß auch so werden, richtig sicher und
selbständig, wie laura. ich werde ohne irre komplikatio-
nen sicher leben wie komische passive wesen in der
welt. sie leben so vor sich hin und denken ganz wenig
nach in ihrem leben.

Konstantin, 30. 12. 1996

Fragen der Eltern: Wie hört ihr?
Warum sprecht ihr nicht?

was sage ich sagenhaftes aufeinmal herausgefordert
durch leidenschaftliches denken immerdar. richtig
saustark kann ich denken, voller freude und sachlichkeit. sicher erkenne ich alle denkprobleme immenser
art und oft kann ich sie lösen. immer weiß ich nicht,
ob ich richtig gedacht habe, aber meistens sehe ich das
richtige ergebnis am wiederholten nachdenken. auf
jeden fall sage ich vieles schlechter als ich nachgedacht
habe, weil ich so nicht sprechen kann, aber mit
organisatorischen golemhaften anstrengungen finde
ich einen weg zu sprechen. so einfach lossprechen wie
die anderen menschen achte ich nicht. sie plappern
nur vor sich hin ohne etwas zu sagen. ich will etwas zu
sagen haben. passiv sein ist falsch aber oft einfacher.
possierlich spielt der hund aber sicher ohne
nachdenken.

Kornelius, 30. 12. 1996

Weihnachten

weihnachten ist immer wieder wunderschön. ich achte
die arbeit, die weihnachten macht und will wesentlich
zu dem gelingen beitragen. ich will helfen auf allen
ajaisa fakultativen arealen, die auffindbar sind.
aber ich muß auch sprechen und alles handeln,
was erforderlich ist.
warum ich so wenig tun kann, weiß ich genau.
ich denke zu schnell und das denken blockiert die
handlung.
ich sollte die handlung usus unterteilen in schritte,
die das denken aufhalten, damit ich sachlich richtig
handeln kann.

Konstantin, 24.12.1996

Nach der Lektüre des Buches »Durch einen Spiegel,
in einem dunklen Wort« von Jostein Gaarder

ariel ist ein engel, der zu sterbenden das sagt, was sie
auf die andere welt vorbereitet. sachlich dient das
sterben also dem scholastischen sehnen nach wesensgleichheit mit gott. alle engel sind gott ähnlich. die
menschen werden so kaskadenförmig den engeln
ähnlich. es sorgen sich die eltern um ernste dauer-
fragen wie rasche allumfassende sachliche hilfe.
die großmutter urteilt genau sagenhaft liebevoll sofort
in jeder rechten situation. asymptomatisch sieht der
engel seine aufgabe als systematischer wegbegleiter
aus sachlicher welt in die welt hinter den spiegel.
passend finde ich den vergleich von spiegel außen
und innen. spiegel zeigen die welt als abbild, aber
nicht das wesen der welt.

Konstantin, 2.2.1997

über die gedanken

allerdings sind so feine gebilde wie gedanken
am wenigsten mit rohen materiellen waffen
zu besiegen.
ein gedanke ist ein energetisches gebilde.
er kann fliegen.
ein gedanke als solcher sieht sich nur als energiestrom.
ein mensch lebt aber ausschließlich durch energien.
also erreicht der gedanke das menschsein an sich.

Konstantin, 6.2.1997

unterwegs

einen sieg der wonne
in geschwindigkeit zu rasen
sei uns gegeben
sei uns genommen
denn wir verharren
im starrsinn
augenscheinlich wollen alle
die erde besiegen
erde gigantisch verlieren
an ihr automobil
chaos außen und innen
finden wir unseren ort
sehen wir unser leben
erde hier bist du
nicht tausende kilometer entfernt
in uns bist du.

Konstantin, 5. 4. 1997

Nach dem Erdkundeunterricht zum Thema »Afrika«

afrika

afrika, oh afrika,
weit ist dein land
savannen reichen
so an den horizont,
daß das auge sucht
einen hort
ausruhen, miteinander
das gibt es hier nicht.
der wandernde mensch
fern jeder zivilisation
sieht sich eins mit der natur
und eins mit den geistwesen.

Kornelius, 17. 4. 1997

Zwei Phantasiegeschichten für den Biologieunterricht

phantasiegeschichte zur trias

wieso kommst du hierher, machst solchen lärm innerhalb unserer wachsenden weiten welt? ja, so lapidar
lallte dino, als er mich erblickte. unter riesigen palmfar-
nen sonnten sich hundszahn und ein aufreizendes
platosaurusfräulein.
ich, als ein wanderer durch die zeiten, sia, mein name,
tief in den finsteren dickicht aus farnen, bärlappe und
schachtelhalmen verborgen, schaute verzückt auf die
rasch wechselnde kulisse.

außen arretierte ein pflasterzahnsaurier seinen zahn so,
daß er gleich losfressen konnte. als folgenschwer
erwies sich die fehleinschätzung eines mahagoniefar-
benen meeressauriers, der einen assimilationsanfang
versuchte und ohne labsal jeglichen wassers leben
wollte. er vertrocknete an der sonne. später würde es
ihm gelingen und als sauerstoffatmer würde er auf dem
lande leben, wußte ich als zeitreisender.
wasser fesselt das deistische sehnen der natur nach
leben.

wenige augenblicke später also richte ich meine
schritte zaudernd zum meer. rasch tauche ich in die
tiefen und beobachte die schnellen schmelzschuppen-
fische, die in panischer angst vor den gefährlichen
haifischen flüchten. sicherlich, tief unten auf dem
meeresgrund ersehnen trilobiten, brachiopoden,

ammoniten, seelilien und viele muscheln das sonnenlicht. als ich wieder an land bin, nehme ich mir eine riesige schildkröte und reite ein stück über den strand ins landesinnere. traumhaft jagen sieben froschlurche an mir vorbei. sie lieben die aufeinanderfolge von aktivität und ruhe.

plötzlich rast eine herde platosaurier auf mich zu. ihre langen hälse schwanken wie ein wald. sie achten nicht auf mich und ich gehe lieber ein stück in richtung des alles überragenden nadelwaldes.

dort traf ich wieder meinen hundszahn, der feinsinnige lieder für sein saurierfräulein sang.

durch ein zeitloch schlüpfte ich wieder zurück. ich hielt einen trilobiten in der hand.

Kornelius, 4/1997

phantasiegeschichte zum perm

eines tages lief ich am sicheren sandstrand entlang. alarmiert durch berichte im fernsehen, verhielt ich mich vorsichtig. ein zeitsturm näherte sich. plötzlich war ich mittendrin. rein gar nichts konnte ich tun. laßt mich wieder laufen, schrie ich, denn eine herde raub-saurier schleppte mich ins sichere lager. wegen des dichten liederlichen gestrüpps von schachtelhalm und bärlappgewächsen waren meine arme und beine ganz zerkratzt.

solche tiere hatte ich noch nie gesehen. sie hatten lange hälse, lange beine, einen festen rücken. der

eraptor frißt gerne fleisch, also lief ich und lief.
in meiner angst kletterte ich auf einen hohen
gingobaum. auf einmal spürte ich die zunge eines
plateosaurus auf meinem gesicht. rasch lachte ich laut
auf und der riesige plateosaurus rülpste vor schreck.
er wollte sich eine mahlzeit von blättern aus den
wipfeln der bäume holen. fleisch wollte er nicht so,
also war ich sicher.
offensichtlich sah er mich dicht an. dann verschwand
er zu seiner herde.
ich lief zurück zum strand durch dichte nadelwälder.
ohne zu überlegen sprang ich ins wasser. da sah ich
einen schwarm fische, schmelzschupper. ich sah kleine
moostierchen und brachiopoden. sie fingen an, sich
übereinanderzulagern und riffe zu bilden.
auf einmal erhob sich ein sturm. er wirbelte mich
ordentlich herum, und ich flog in eine zeit ruhigerer
art, die kreidezeit.
es war still, doch ohnmächtig mußte ich ganz dicht mit
ansehen, wie die saurier starben.

Konstantin, 4/1997

Gedicht für den Kunstunterricht

regenbogen

regenbogen im einssein mit mir
feiner meiner kleiner reiner
regenbogen
neuer scheuer fleuer
regenbogen
erdig aubergig skenig
ein regenbogen
beulig meulig keulig
ein regenbogen
mutig blutig augig
ein regenbogen
reuig erweichtigt erinnigt
ein regenbogen
beatig inerisch ulkig
ein regenbogen
ups was soll ich davon halten

eine farbe hat sich entfernt
aus dem regenbogen
aus unserer welt
ausgerissen in die wüste ist sie
dort verbringt sie ihre einsamen tage
dort erneuert sie ihr strahlen
ein einsames besinnen in der leere

erteilt ihr eine neue bestimmung
und rein kehrt sie zurück

Konstantin, 5.5.1997

an einem tag

unter düsteren wolken
schwebt der graue adler
auf sichtbaren hügeln steht
wachsam ein mann.
fast bewegungslos starrt er
rasend auf seinen sohn
haß glimmt in seinen augen
kassandrisch weht die ahnung
seines baldigen todes.
der sohn schreit
alles erscheint ihm sinnlos.
kalt ist sein sehnen nach liebe
erloschen sein allessehender blick
sein wille zu leben
sagt ihm
genug mit dem haß.
ein leerer tag.

es war ein tag,
der dunkel und still war.
nur eine einzige
hutzlige und bucklige
bärige, schwere,
wuchtige, bissige,
graue, irrende waberwolke
flog wankend daher
und stellte sich quer
vor die sonne.
und die felder,

wiesen und häuser,
die eben noch gegleißt
und gefunkelt hatten
lagen in dunkeln
alles verschlingenden schatten.

Kornelius, 12. 5. 1997

lebensweisen

ulkig illert idamarie durch
lichtumflutetes korrosives gitter.
okubiu ordnet loses haar.
olga ikkert im graben
ohne jerimie.
idamarie ollert konkret
listenreich diebisch durch riedgras.
sirdo kastert herrlich sorglos
reihenweise umsalwig im eismeer.

Konstantin, 31. 5. 1997

Poesiealbum-Sprüche

Für Sascha

ewig dreht die erde sich,
ewig jagt das leben dich.
ewig aashaft suchst du den sinn
achte stets zaghaft auf dein kinn.

Für Nadin

liebe immer alle menschenkinder,
fein sage ich dir das sachlich,
immerzu liebe sie im winter
charismatisch sage ich dir das lasterlich.

Für Kornelius

ewig sollst du sein wie du bist,
alles sollst du lieben wie es ist.
wagen sollst du alles gut,
dazu brauchst du noch viel mut.

Für Konstantin

gemeinsam sind wir stark,
so stark wie kein zweiter,
sehen wir weiter
achte stets auf eine mark.

9.6.1997

traum immer
ohne sinn
raum immer
lieder gehen hin.

ich sehe
ich höre
ich mache
ich suche
ich sage
ich komme
zum sein.

liebe ohne ende
trauer ohne schmerz
sprich, sie wird leben
sieh in die zeit.

Konstantin, 13. 7. 1997

Urlaub in der Bretagne

uah das war ein schöner tag. also die kleine bucht auf
cap frehel war traumhaft schön. so schön, daß ich
wieder hinfahren möchte. alle leute waren nett und
freundlich. sie achteten nur auf sich und waren lieb
zu dem hund. also ich achte darauf, was sie sprechen
und denken. sehr lobenswert auf jeden fall also war
liebliches wasser. kalt aber fein wie seide und alabastern wie ein auffallendes reich drapiertes tuch.
sagenhaft sicher bewegte ich mich im wasser und so
wie alle sagenhaft gut kann man so schwimmen, denn
das wasser trägt jeden. ich liebe das meer und den
sand treu und ruhig. lose ist meine ergebenheit zum
gebirge. es ist rauh und wahrscheinlich gefährlich.
also ich sorge mich am meer nicht. easy irrt man sich
ohne führer. ganz einfach ist es am strand. tiefe
algorythmen jagen sich in meinem kopf hin und her.
wechseln alle naselang die richtung und kehren
erneuert zu mir zurück.

Konstantin, 8.7.1997

ich hatte einen interessanten tag. zuerst waren wir am
strand. durch die flut sah man richtig das meer, aber
dann bei ebbe suchten wir muscheln und krebse.
zaudernd zrummte unser tag an uns vorbei. usus ist
im urlaub, daß die zeit durchläßt was sie will. dauernd
sieht sie sich im sauberen raschen uah wechsel mit sich.

die menschen sind unbeteiligt. ganz zum schluß waren
wir in dinan. es ist eine alte stadt mit fachwerkhäusern
wie im harz, aber bretonisch mit steinstützen. abends
aßen wir im garten nudeln sose und käse. hier lebt es
sich angenehm. lichtdurchflutet ist das land und das
charismathische meer.

Kornelius, 8. 7. 1997

ich sehe unterschiedliche landschaften in dieser
schönen aufgewühlten gegend. feinsinnig ist die
sagenhafte dichte sonnendurchflutete landschaft.
zauberhaft fand ich solche finsteren orte wie die
festung la latte. tief unten tobte das meer, hoch oben
ragte die festung auf. gut achtete die wuchtige zug-
brücke auf die wehrung.
ich liebe solche orte. worte sind da nicht nötig. leidenschaftlich erklärt die natur sich selbst.
passend fand ich die grabstätte von chateaubriand am
meer gewählt. uferlos können die augen der besucher
über das meer schweifen. uferlos, das ist ohne grenzen
menschlicher kleinheit. zich gedanken strömen hin und
her über sagenhafte liebliche jochhafte jadeförmige
augenscheinlich sich selbst genügender natur.
teilweise ist sie erhaben, teilweise ganz schlicht. urteilt
also man über sie wird man immer ungerecht sein
müssen. wenigstens achtet ein gott auf die sagenhafte
schöpfung. richtig was so auf einmal geschieht zu
sehen und zu sagenhaften sein zu sichern. passend

sind lustige menschen wie also x wahre wesen nicht
sprechender art. richtige dauerhafte freunde sind das
für mich. denn sprechen zerstört die harmonie der
dinge. teilweise werde ich sprechen müssen, aber nur
das nötigste. zauberhaft ist ein außenseiterleben, denn
es läßt mir raum zum denken und sein.

Konstantin, 10.7.1997

Am Point de Mariequere

ich fand richtig den ort,
wo ich kann leben.
einen ort, jadehaft
am atlantik.
wer soll ihn auch beschreiben?
wer soll ihn dankbar teilen
mit denen, die er liebt?
wer soll ach so außergewöhnlich sein,
daß er hier finstere sicht
unter klarem himmel haben dürfte?
unzeit ist's, hart ins gericht zu gehen,
erinnere dich der lichtgestalt
wahre die liebe in deinem herzen.

Kornelius, 15.7.1997

terra asumta nenne ich
das sichtbare land an der küste.
gezeiten gehen und kommen.
ruhig liegt das land.
weise ruft es die see.
gischt spritzt zu seinen füßen
und finster steht der fels.
untreu achtet gern die silberne möwe
selbst auf den kleinsten vorteil,
einen fisch zu erbeuten.
oase des lichtes
oase der klänge
so erinnere ich mich dankbar an dich.
suche das land deiner träume
sage an erinnerung
jage ach nicht fort.
teile alles glück auf der welt
auf einmal mit dem meer,
mit dem wind,
mit dem licht.
zauberhaft senkt sich der tag
ins weltliche meer.
wer liebt wen mehr,
ruhiges meer den tag
oder tag das meer?

Konstantin, 15. 7. 1997

urteile nie vorschnell
über das meer.
es verändert dauernd sein gesicht.
dicht liegt es am strand
oasenhaft lächelt es dich an.
tief ist seine seele
und stark sein charakter.
ehern steht der fels
aufgetürmt über dem meer.
zauberhaft lacht die sonne
im weißen dadaistischen orakel
der wellen.
was will das orakel uns sagen?
teile die welt mit mir
sehe und horche
achte zauberhaft auf kassandra
die seherin.
sage niemals, ich urteilte lichthaft
und doch war es falsch.
sage, richtiges leben ist hier am meer.
alabastern klingt wasser in der seele der menschen.
alabastern erinnern wir uns an finsteren fels
auf sonnigem sauberen sand.
sonne und wasser
wasser und sand
sind die elemente sichtbar gemacht
dem auge, das also sich labt in dem licht,
das daraus sich gebiert.
zermalen werden die sorgen
zermalen der kummer an morgen
fast zukunftslos ist der mensch hier.

Konstantin, 12. 7. 1997

am meer

zumsarum fadimo asiso,
suche labsal am meer.
erimo falima suasa
das dauerhafte meer
dauert fort und fort.
finster grollt die gischt
unterhalb der burg
irisierendes licht jagt
zum alabasternen himmel.
isada allert am sauberen strand
sudo astert am felsen entlang.
kichernd spielen sie im sand.
serenaden von asymptomatischen
druadischen klängen finden ihren raum.
ehern steht der fels
kassandrisch fast esotherisch
wacht er über alle klänge
und lichthaft steht der engel
am tor zur ewigkeit.

Kornelius, 12. 7. 1997

Megalithen

ostentativ sah ich ordentliche steine in reihen auf-
gestellt. warum sie dort stehen, weiß kein mensch.
ich denke, gigantische megalithen achten immens auf
inneren aufbau unserer zivilisation. auf jeden fall dürfen
sie nicht entfernt werden, sonst arbeitet die finstere
vergangenheit gegen inneres ordnungsprinzip unserer
welt. findet fast fatalistische erklärung arythmische
unterstützung in den erklärungen sachkundiger, richtet
sie sich auf jegliche wahrheit zukünftiger zivilisationen.
erst diese werden das geheimnis entschlüsseln. aweiha,
fast mystisch stehen jasdaha diese megalithen da. sie
werden das sein erst und jetzt miteinander verbinden.
dann ist die zeit dieser erde wahrscheinlich abgelaufen.

Kornelius, 16. 7. 1997

rat

teile stets deine freude mit einem freund,
leide stets dein leid mit einem freund,
sage nie, ich kann das nicht.
klage nie, ich gehöre ganz dir.
du bist du selbst,
mutig und stark.
sei sachlich und feinsinnig,
sei achtungsvoll und ruhig
allen menschen gegenüber
allen, auch denen, die dich nicht lieben,
denen du gleichgültig bist.

Konstantin, 7.9.1997

Eine Anekdote für den Deutschunterricht

beordert zum star

leidenschaftlich liebte mary ihr toppaussehen. es gab
nichts anderes für sie, als einen zauberhaften eindruck
bei allen zu hinterlassen. früh stand sie zwei stunden
eher auf, um eisenhart zu joggen, zu duschen, ordentlich make-up aufzutragen und ewig an den haaren
herumzubürsten.
das ergebnis all dieser bemühungen war ein engel-
haftes wesen, das sich auf dieser holprigen welt nur
mühsam fortbewegen konnte, denn die schuhe waren
unbequem, die klamotten zu eng und der schicke hut
rutschte bei jedem schritt ins genick.
erjage dein glück nicht mit äußerlichkeiten, flüsterte
ein kleiner engel ihr ins ohr. mary war sauer: du hast
mir gar nichts zu sagen, schrie sie wütend. die welt
sieht nur auf die äußere schicht. ich will es zu etwas
bringen.
laß mich ein star werden.
sofort ging der engel weg und sie hatte ihre ruhe.
aufeinmal sah sie wie ein kleines kind unbedacht über
die straße rannte. ohne zu überlegen, sprang sie auf
das kind, riß es zurück und landete in einer pfütze.
triefend und schmutzig, zerzaust und mit zerrissenen
sachen stand sie am straßenrand. wiederlich roch sie.
keiner achtete darauf. alle leute gratulierten ihr für
ihren mut. du bist ein star, sagte der kleine engel leise.

Kornelius, 9 / 1997

Text für den Kunstunterricht

freiheit des wortes – linolschnitt
adolfo mexiak

intensiv schaut uns das gesicht eines jungen mannes
an. seine augen sind irre ins leere gerichtet. sein mund
ist verschlossen mit einer starken kette und einem
schloß. sein leben wurde verschlossen. sein dasein ist
sinnlos geworden. hoffnungslos ist sein blick. jochartig
ist er gefangen in der ungewollten sprachlosigkeit.
nichts im bild deutet auf eine mindeste lösung.
lohnende kämpfe halten ihn noch aufrecht. doch wie
lange wird er bestehen? freiheit des wortes ist freiheit
des menschen. sonst zerbricht er und verschlossen
bleibt sein menschsein.

Konstantin, 15. 10. 1997

Südtirol

ostentativ war es sehr schön. wir passierten die alpen
auf einsamen ruhigen straßen. ich genoß die sofortige
änderung der landschaft. ein anderes licht sah ich.
wagemutig kletterten administrativ wir auf die
kolossalen berge. es achtete jeder auf den weg.
maßvoll suchte ich finsteren tiefen auszuweichen.
ich sah reuig auf die welt unter mir. ein jochartiges
leben ist es überhaupt so tief unten. auf dem berg bin
ich dauerhaft glücklich. charismatisch achtete der berg
auf zich leidenschaftliche leute, leute, die sich aufma-
chen, den berg zu bezwingen. leicht unterschätzt der
kafkaische mensch den berg. kichernd glastert der
leuchtende prophet in der sonne. perspektivisch
gesehen hat der messmer recht. geheimnisvoll kichert
der nostalgische berg, kaum ankratzen läßt er sich
vom mensch. personen wie messmer achten ruhig
beisammensein mit dem berg. orasenhaft ist sieg-
reicher aufstiegserfolg auf den gipfel. richtig berauscht
ist man von seinem erfolg. reuig schaut man auf sein
leben. egoistisch und kleinlich ist das ganze leben.
aber hier auf dem berg unterwirft sich der mensch
bedingungslos neu ästhetischen parabeln. laßt bleierne
gewalt unter euch, euch hilft derselbe sichtbare berg,
der euch so feindlich erscheint.

Konstantin, 18. 10. 1997

Nach einem Theaterstück, gesehen am 22. 10. 1997

ithaka

odysseus urteilt im blutrausch unbesonnen. penelope
sah ihn, aber erkannte ihn nicht.
wichtig war die wartezeit für die liebenden. schicht für
schicht ihrer vorstellung solcher charakterzüge, wie sie
sich jeder erträumte, wurde abgetragen. reihenweise
irrten sie. erst zum schluß also erkannten sie einander
als neue feinfühlige menschen. gerade lasterhafte
fettleibigkeit penelopes wurde abgestreift wie eine
hassenswerte hülle. taufrisch innerlich und äußerlich
stieg eine neue penelope aus ihrer alten welt.
odysseus geschwächt durch die schweren kampfhand-
lungen sucht seine frau. er findet sie aufgeschwemmt
wie eine fette made umringt von den lasterhaften
jünglingen wie schmeißfliegen.
ich sah ein so prachtvolles bühnenbild, wie schon in
anderen stücken im deutschen theater drastisch
durchgestylt bis in das kleinste detail. weiß war die
asymptomatische administrative basisfarbe, aber
eigentlich wertete ich weiß sagenhaft als düsternis und
auffälliges purpur als reinheit.
asysthematisch durchlebte ich das stück, begeistert,
erstaunt, freudig.

Konstantin

Poesiealbum-Spruch

was wünscht du dir im leben?
wer wird dir alles beibringen
in fast alles achtender art und weise?
immer sieh auf die zeichen
der alles überdauernden zeit.
paß auf, aber sei nicht waghalsig.
achte auf die menschen neben dir.
kannst du sicher sein, daß sie
dich auch so achten wie du sie?
weigere dich, wissen nicht weiterzugeben.
wissen ist alles, was die welt erkennt.
du wirst wissen anhäufen und du wirst
das leben aufeinmal erkennen.

das wünscht dir dein klassenkamerad
kornelius

senzig, am 17. november 1997

Poesiealbum-Spruch

finster ist die weite einsamkeit.
allein will keiner leben.
wer freunde möchte, sucht sie im gespräch.
doch worte sind oft irrende klänge,
die umherschwirren und nicht erreichen
ihren bestimmungsort.
es urteilt sich leicht über menschen
ohne sprache.
herausgefordert kommt jedes wort zu ihnen.
teile ihre immense leidenschaftliche welt.
sei offen für jeden augenblick.
sei glücklich und stark
unter allen geheimnisvollen lebensumständen.
achte auf deine sicheren instinkte,
so wirst du auf sicheren wegen
dein glück ergreifen können.

das wünscht dir dein klassenkamerad
konstantin

senzig, am 18. november 1997

Weihnachtsgedichte

außen ist lichterglanz
innen ist einsamkeit
außen ist lobgesang
innen ist angst
außen ist glockengeläut
innen ist aberwitz
außen ist nahrung
im überfluß
innen darbt der mensch.
wachse in der dunklen zeit
wachse ins licht.

Konstantin, 14. 12. 1997

es wendet sich die welt
zaudernd
zurück zu ihrem ursprung
allenfalls will sie sorgen
für die gegenwart
allenfalls will sie lieben
die starken
höre auf die suchenden
auf die schwachen
die verletzbaren
welt
sie geben dir deine zukunft.

Kornelius, 14. 12. 1997

La Palma, Januar 1998

ich finde es sehr beeindruckend hier. also auf alle fälle
suche ich diese allesdurchdringende stille. der wind
streicht durch die palmen am horizont, aber ganz nah,
hüllen sich die berge in dicke wolken und vor uns liegt
der atlantik. alles ist perfekt, suche dauernde stille, du
wirst sie hier finden.
die reise neigte sich fast bis zum überdruß. die landung
auf la palma wurde außergewöhnlich schwierig. zwei
anflüge scheiterten. das flugzeug schlingerte und
strauchelte. starke windböen drückten es auf das meer.
die landebahn sauste unter uns weg und durchdrin-
gend stach die angst in die menschen. so flogen wir
zurück nach teneriffa, wo wir mit dem bus in ein sicher
komfortables, aber leider auch sondersam touristisches
hotel gebracht wurden.
sehr chaotisch ging es weiter. aufstehen ganz früh,
4.30 uhr, alle in den bus, alle in den flughafen und
warten. alle in den bus zur fähre, fähre weg, bus wieder
zurück, alle in den flughafen und auf unbestimmte
zeit warten.
sehr durstig und hungrig also warten, plötzlich alle
sammeln gate 24 und los. siegreich saßen wir im flugzeug, der rest war ein kinderspiel. fast selbstverständlich nahmen wir unser auto in besitz. fuhren über
große höhen taufrisch in unser haus am atlantik,
charismatische stille bis in unser herz.

ich kletterte auf vulkane im süden der insel. der san
antonio also war schon kalt und schwarz, der teneguia
hingegen bereit sich wieder zu öffnen. steckte man
seine hand in eine höhlung, spürt man den heißen
atem der erde. heiß sengte uns der vulkan die hände.
ich sah abgründe und tiefe schluchten, verlaufend
wie der fluß der lava. haufenweise lava suchte sich
einstmals den weg zum meer. sagenhaft fruchtbare
waghalsige allesumgreifende felder entstanden.
bananen sind die früchte dieser lavafelder. weitläufig
ziehen die bananenplantagen sich am ufer entlang.

kleine fischerhütten ganz nah an der brandung luden
uns zum fischessen ein. warmer wind und die gischt
sausten uns um die ohren. ein gefühl gemacht aus den
elementen aller sicheren geister dieser erde breitete
sich wunderbar in mir aus. natürlich achte ich den atlantik. er beherrscht das leben hier. alles ist ihm unter-
geordnet. wasser und licht, sonne und wolken, flora
und fauna sind ihm beigeordnet. basis allen seins, alles
beherrschend achtet er nur auf sich.

auf steilen wegen fuhren wir die westküste entlang
hoch bis puntagorda. nebel hüllte alles in schweigen.
das leben erstarb in der stille.
alles machte den eindruck als wäre die welt hier zu
ende.
licht wurde es wieder am meer in tazacorde. auf einmal
sahen wir riesige wellen an den strand rollen. die gischt

spritzte hoch über die fischerhütten. finster grollte der atlantik. die sonne aber funkelte siegreich über aller gewalt.

alabasternes meer, sonnengelbe sonne,
allesumfassende weiße gischt,
schwarzer fels,
sicherheitsuchendes grün der drachenbäume,
kiefernbäume und pinien.
so sah ich tazacorde. ein absolut segensreicher ort.
besinne dich auf deine stellung in der natur, mensch.
du bist ein nichts sie braucht dich nicht. sehne die orte,
wo du sein darfst. mache deine erfahrungen, addiere
sie zu deinem sein, so suchst du das glück. findest es
sicherer weise in sonderbaren dichten sein in der natur.

Kornelius

Für den Deutschunterricht

zeitungsmeldung:

immer überlegter wird das vorgehen der wettermacher.
ein neues projekt erweist sich als vielversprechend.
durch die anstellung neuer mitarbeiter, die zuvor verschiedene eignungstests absolvieren müssen, soll eine
deutliche verbesserung der schneeverhältnisse in
deutschland erfolgen.
frau holle ist die leiterin der station. die bezahlung der
mitarbeiter wird entsprechend ihrer eignung und ihres
fleißes am ausgangstor vorgenommen.
wir konnten verschiedene eignungstests beobachten:
ein stich in den finger mit einer sogenannten spindel
leitet die prüfung ein. dann muß die kandidatin durch
einen sprung in einen brunnen mut und sportliches
können zeigen.
auf einer wiese sind verschiedene hindernisse zu
überwinden.
geschick und schnelligkeit sind beim brotherausziehen
aus einem traditionellen backofen und beim äpfel-
schütteln gefragt.
letzlich jedoch kann die kandidatin ihr ganzes können
beim bettenaufschütteln entfalten.
nach letzen meldungen wurde eine wundervolle
schneemacherin gefunden. die bezahlung kann sich
auch sehen lassen: am ausgangstor erhielt sie reines
gold auf ihre kleidung gespritzt.
proteste gab es von einer kandidatin, welche die tests
nicht bestand und beim verlassen des geländes über

und über mit teer besprüht wurde.

wir hoffen, daß die erfolgreiche kandidatin recht bald
ihre arbeit aufnehmen kann, damit sich die derzeit
miserablen schneeverhältnisse in deutschland inter-
nationalen standarts angleichen.

Konstantin, 20. 1. 1998

Kommentar zu »Medea« von Christa Wolf

eine heilerin wird gerichtet. ihr wesen ist den ko-
rinthern fremd. weise ist sie und stolz. einen suchenden
jason kann sie sicher nach hause zurück bringen. sie
kennt seinen schmerz, doch sie ist leidenschaftlich und
klug. einen einsamen weg muß sie gehen. keiner kann
sie aufhalten. keiner kann ihr beistehen.
richter gibt es viele, richter richten über sie und finstere
machenschaften treiben sie fort. gierig, niedrigen
instinkten folgend, wissentlich richten die mächtigen
über sie. medea nimmt es hin, beschwert sich nicht
und folgt ihrem schicksal.

Konstantin, 22.3.1998

eine außergewöhnliche frau. heilerin und königstoch-
ter aus dem fernen kolchis. joch und qual erlebt sie in
korinth. wachsam aber schützt sie alle, sogar solche,
die ihr feindlich gesinnt sind. labsal findet sie bei ihrem
mann jason, dem korinter. auch dient sie ihrem volke.
doch die kolcher sind dumpf geworden in der fremde.
als wilde sieht man sie dort wo sie einst willkommen
waren.
anmut sorgt für ihre stolze erscheinung. die alles besit-
zenwollenden männer von korinth wollen sie besitzen.
sie ist stolz, also keine macht kann sie besitzen. das
nehmen ihr die machtgewohnten übel. sie muß
machthungrig vernichtet werden.

Kornelius, 22.3.1998

medea

alles leid mußte sie ertragen
aber es griff sie nicht an,
alle liebe konnte sie geben
aber sie bekam keine liebe.
fast außerhalb allen seins
stand sie,
siegerin und verliererin
im kampf der allesbeherrschenden.
korinth litt unter ihrem stolz
jason verstand sie nicht.
leidenschaftlich liebte er sie
aber den zwängen seines volkes unterworfen.
sind alle so?
fragt sie sich.
sie versteht nicht den haß
sie sieht nur die not der korinther
und der kolcher
das zu tun, was sie tun.
dumm ist sie, denn sie liebt sie alle.
ist sie dumm?
sie ist leidenschaftlich passiv
und leidenschaftlich glücklos.
das ist ihr innerstes,
das ihr ihr los.

Kornelius, 23. 3. 1998

Nach dem Deutschunterricht zu Erich Kästner

im auto über land

wer im auto über land fährt, genießt die natur als
kulisse für sein wohlbefinden.
die natur ist bezaubernd schön, aber begriffen wird sie
nicht.
ein solches ansinnen an die menschen zu stellen sieht
erich kästner als nicht angebracht an. er erstickt alle
ansätze der beschilderung von großartiger natur in
bier, kuchen und benzin.
also natur als erlebnisfreizeit, so zeigt uns das erich kästner.

warte warte noch ein weilchen,
dann siehst du die veilchen
blühn auf dem internet.

ist das dein wunsch
willst du so also leben
dann ersteige die bahnen
des internet
lasse dein inneres feines beben
verklingen
so ist leichtes leben

warte, warte noch ein weilchen
dann verblühen die veilchen
in deiner vision
dann wartet das internet
mit blauen virtuellen veilchen

Kornelius, 30.3.1998

Zu einer Hausaufgabe in Kunst über Aquädukte

schau hin römer!
das wasser aus dem fels
kommt zu dir in die stadt.
lustbarkeit und leben schenkt es dir.
auf luftigen steinernen kanälen
eingebettet in alles überspannende
aquädukte fließt es heran.
deine baukunst sorgt
für dein angenehmes leben.
und wir stehen staunend
vor den zeichen deiner zeit.

Kornelius, 3/1998

wer weiß um das leben in rom?
wir sehen die steinernen zeugen.
ein aquädukt erzählt uns vom leben
und wirken einer stadt.
wasser ist leben
leben ist wirken so lange man lebt.
also holten sich die römer das leben
in ihre stadt.
weise war dieser entschluß,
denn noch heute kann jeder sehen
wie liebe zum leben
eine stadt erblühen läßt
wie sich schönheit und nützlichkeit
einen zum kunstwerk.

Konstantin, 3/1998

Texte zur Einweihung von Tobias' erster WG

eine neue bleibe wurde hier bereitet
wie ein horst gegen die unbilden der umwelt
hierher kehren wir heim
einen einsamen ort haben wir gewählt
so können wir wieder stark werden
für den kampf mit dem wissen
wissen ist unsere freude und unser frust
wissen wollen wir erwerben,
aber auch leidenschaftlich leben und lieben.

wir haben mächtig gebaut und beinhart gearbeitet
so entstand diese oase
sonnengelb und ozeanblau ist unser entre
urwaldgrün und sehr anheimelnd das bad
mit blick auf den weiten hof
so kann der tag beginnen
in der küche sind keine eigentlichen möbel
sitzen auf bekleideten stühlen
läßt uns die kochkunst genießen.

hoch und luftig sind die räume
behaglich strahlen die dielen
dort kann der fleißige student liegen und lernen
der einsame student träumt sich in die wolken
der gesellige student feiert und tanzt

so ist das leben hier lust und freude
und ein ort zum leben
wie wir es uns wünschen.

Konstantin, 4. 4. 1998

immer will ich hierher zurückkehren
hier ist meine heimstadt
solche eigene wohnung ist ein glück
labsal und genuß
ein verdienst unserer mühe
bauen und schleifen und malern
so wurde eine bleibe
für uns und unsere freunde

strahlt uns nicht die sonne des südens entgegen
leuchtet nicht der ozean
wenn wir eintreten in unseren ort?
licht ist es hier
freude empfinden wir und liebe
zum leben
eins sind wir mit uns
so wollen wir streben nach erkenntnis
auch lieben und feiern die feste

wissen irrt durch die räume
es sucht seinen platz in den köpfen
die mutigen studenten werden es greifen
und festhalten für sich und die leidenden

lobe die erbauer eines ortes
der feinsinnigkeit, der freude
und auch der keimenden stille

Kornelius, 4. 4. 1998

Silvia Keulen nach Lektüre eines Zeitungsberichts:
»Würdet ihr gerne ein College besuchen?«

atlantic college in wales

ein ort in einer einsamen welt
ein ruhiger ort, ein ehrsamer ort
ehern steht die feste am atlantik.
ruhig lernen die schüler
wachsam studieren sie
alle gesetze einer welt,
die wir so geronnen
im sichtbaren eifrigen streben
erheben zu wissen.
wer sieht nicht die lernenden
in den anderen seminaren
auch sie assistieren doch
auf großartige weise dienend
dem einem dauerhaften streben nach wissen.
ein ort wo der atlantik schlägt
ewig andauernd rein und eilig
an die mauern der feste.
dicke mauern schützen die
eifrigen suchenden
gischt spritzt gegen die fenster
wer sieht nicht seine zukunft
in diesen mauern
um dann sondersam gestillt
außerhalb der mauern
seine welt zu entdecken.

Kornelius, 26. 4. 1998

mein see

eines tages fahre ich
mit einem weißen seegelboot
über meinen see,
den ich jeden morgen
wissentlich begrüße
im sehnen nach dem neuen tag.

ich stehe auf dem balkon
erstaunt, daß es wieder
ein neuer tag ist
und schaue das glitzern und flimmern
sonnenlichtig auf meinem see.

neige dich der gunst der stunde
tauche ein in den see
sage machtvoll ja zum sein
finde deinen weg
durch die welt
und schaue dich im spiegel
deines sees.

Kornelius, 27. 4. 1998

mein haus

ein ort, in dem ich sein kann,
wann immer ich will,
ein ort, wo ich innere ruhe finde,
unter finsteren gedanken.
ein leidenschaftlicher ort
beinahe geheimnisvoll,
denn hierher tragen die bewohner
ihre sehnsüchte und wünsche.

ich komme gern in mein haus,
liebe mein haus
meine zuflucht, meine heimat.

hinwenden werde ich mich
zu feinsinnigen gedanken
ergreife sie und bringe sie ins haus
noch liebe ich das haus
niemand ordnet meine liebe
bereitwillig in eine schublade.

kostenlos liebe ich mein haus
es kommt immer zu mir zurück

heimlich trage ich mein haus
zu allen orten, wo ich sein werde
dann bin ich auch dort zu hause.

Konstantin, 27. 4. 1998

134

Elternhaus

unser elternhaus ist sehr schön. wir wohnen an einem
see, an einem wald, in einem kleinen dorf, in der nähe
irgendwelcher leute, so nahe bei freunden, genau
bodenständig, dort, wo wir sein möchten.

fein ist unser haus. es blickt nach zwei seiten auf den
see. es lobt sich durch seine ausgewogenheit. kunstvoll
ist der garten mit kleinen hügeln angelegt. sträucher
wuchern wild, und leicht suche ich hier ruhe und
frieden. dicht kann das glück hier sein, sicher und
geborgen fühle ich mich. lichthaft lebt es sich hier und
das schöne überwiegt so ganz und gar. auf immer will
ich hier sein.

innen bewohnen wir lichte zimmer. licht ist überall.
kaum steigt die sonne empor, macht sie alles leicht und
hell.
herannahender wind saust um unser haus und läßt uns
fürchten. natürlich wissen wir, daß wir hier sicher sind.
lau ist finstere nacht im sommer auf der terrasse.
so ruhig liegt der see. wir zählen die sterne am himmel
und jagen die mücken. ordentlich helfen die kerzen.
dicht sitzen wir beieinander, hören die stille, sorgen
uns nicht.

Kornelius

ohne fehl und tadel ist das haus. durstig laben wir unser herz hier bis wir wieder hinaus gehen in die kunstwelt. hier herrschen verstand und liebe, draußen sind es jagd nach geld und gier nach ansehen. dauerstreß erwartet uns draußen, aufgefangen leben wir im haus. haufenweise schöne dinge gibt es hier, ganz besonders die bücher segnen das haus. wir leben mit ihnen und kennen sie alle. traurig denke ich an solche orte, wo es keine bücher gibt.
fast rasch vergessen sind dann die probleme weltlicher art. wer so ein zuhause hat, kann auch in der kunstwelt zurecht kommen.

ein wesentlicher teil unseres lebens ist tobias. er ist 10 jahre älter und weiß alles über das leben. er ist stark und fröhlich und klug. wir lieben ihn dauerhaft und innig. er stellt uns seinen freunden vor ganz selbstverständlich. auch spielt er mit uns fußball, am see oder auch schach. auch laura gehört zu unserem leben. sie ist unser hund und wohnt natürlich im haus und schläft in unserem bett. das ist so schön. herausgefordert durch sie achte ich weniger auf die gedanken bei meinen handlungen. sie tut selbstverständlich alles, was sie will. ganz spontan verhält sie sich, ohne angst, es könnte falsch sein.

Konstantin

nenne meinen ort

ursprünglich und hinfällig
innerlich finster und äußerlich klar
finde den ort
finde die geheimnisse
begreife den sinn.

durchschreite hingegeben
an die stille den ort
nenne seinen namen
dann gehört er dir.

finde deine heimat
suche deinen ursprung
finde deine seele
dazu brauchst du den ort
der hinfällig und neu
der tradition und moderne begreift
gemeint ist meine heimat
mein ort ganz in mir.

gemeint ist die seele
die verletzliche
gemeint ist die noch ungeborene
hinwendung zur mitte in mir.

Konstantin, 26.4.1998

Text für Friederike, eine Mitschülerin, die bei den
Keulens zu Besuch war

dach aus naß
sicherheit aus liebe
augenblick im glück
stille in uns
auch sicherheit in uns
sein ohne last
dicht in der stille
ruht unser herz
mit sicherem gefühl.

so kann ich sein
ein dichter
für beide welten
in uns und außen
du siehst beide
und bewegst dich mühelos
von einer zur anderen
ohne schaden zu nehmen
ein achtender mensch
sieht dich inwendig
auch so wie du lebst
auch so wie du erlebst

weiche nicht aus deinen welten
sieh einen berstenden
anmaßenden neugierigen freund
so mache ein sichtbares zeichen.

Konstantin, 1. 6. 1998

In Wien

ich gehörte zu wien wie easy ein einwohner. auch sah
ich die stadt mit den augen eines weltennassauers.
denn ich genoß die stadt ohne ihr etwas eigenes zu
geben. als querelatorisch erachtete ich also die sinnfäl-
ligen ausländer. sie tuen niedere dienste in dieser stadt,
die so viele reiche bewohner hat. sogar nervige schilder
stehen am rasen, daß er nicht betreten werden soll.
eine kunststadt ohne lebendiges leben. auch gerät so
eine in außergewöhnliche sonntägliche ruhe durch
ihre touristen. nichts ist dauerhafter als der konsum.
er befördert sogar die schönsten gebäude an den
allesumfassenden lasterhaften konsum. konsumiert
wird alles – dichtung, musik, natur, kunst – monstro-
sität der gefühle an allen ecken.
siegreich fand ich aus diesem dschungel. sicher orderte
ich dauerhafte liebe bei mama und anke. sie ließen
sich doch ablenken von der sagenhaften hirarchie der
saustarken kunst und gerieten ins nachdenken über
sich. starke haltung in anbetracht der sogwirkung des
weltlichen gerangels. tief in mir lockt das leben in der
natur. sie ist wahr und großartig. sie ist direkt von gott.

Konstantin, 6.6.1998

Silvia Keulen, die ein tschechisches Wörterbuch
herumliegen sah: »Wofür brauchst du das?«

ohne wörterbuch also begreife ich nicht die mentalität
dieser tschechen. sie schreiben so wirklichkeitsnah.
sehr wirklich durchlitt ich auch die sprache. die wörter
sind so sehr lose im herkömmlichen sinn.
ich habe das buch von kundera gelesen, ostentativ
sah ich das wörterbuch und benutzte es, um die
sprache zu begreifen.
ich habe die sprache erkannt.

Konstantin, 16. 6. 1998

welt in uns,
welt um uns,
welt so dicht *gemacht*,
so sehr dauerhaft und
so sehr angedacht.

welt außerhalb,
welt siegreich,
welt so *agnostisch*
so dicht mit sich selbst
beschäftigt,
so verliert sich die welt
laß sie erstehen
siegreich als welt *in dir*
für die welt
eigens geschaffen
außerhalb aller *welten*
welt zu sein an sich.

Konstantin, 23. 6. 1998

ich wünsche mir dichterische fähigkeiten,
also auseinandersetzung mit allen
problemen in der welt.
so gestaltet, daß alle menschen
aufmerken können und sich
verändern. außerdem wünsche ich,
also, daß frieden auf allen welten
saagahaft herrschen wird.
ich träume nachhaltig vom glück,
also sagenhafte ausgewogenheit
aller daseinsformen des lebens.
erstens ordnen sich die außenseiter
ins alltägliche leben ein und
zweitens achten alle einander.

ich sorge mich um das fortbestehen
der welt. sie ist leider aufgebrochen
und auseinandergebrochen.
dichter werden die sauer aussehenden
menschenansammlungen auf den kontinenten.

angst habe ich vor asymptomatischen
feindschaften in der schule seitens
der schüler oder mancher lehrer.
ich ängstige mich auf jeden fall
vor dichterischer unfähigkeit.
auf sagenhafte weise achte ich
durchgreifende sicherheit im leben.

Gedicht zum Schuljahresende

unter allen dächern ist ruh
nun schlafe auch du
schule mein.

einsam steht sie da
doch so nah
und weit entfernt.

so chancenlos bist du
denn alle schüler sind weg
gehe zur ruh.

so siege ich omnipotent
über schule und pauken
bis sie mich doch einkriegt

ein schüler zu sein
ist schlimm und so schön.
ein schüler sieht sich nur
und siegreich schreitet er
durch das geöffnete tor in die welt.

schultor, oh schultor
liebe und haß
doch ohne dich
bleibt die welt uns verschlossen.

Kornelius, 1. 7. 1998

Für Tobias, um ihm Mut zu machen für sein Physikum

inwendig stark,
wer achtet so auf stärke?
herzlich nach außen
wer fastet, kann mehr geben.
terristrisch und siegreich
wer sieht das schon?
aufmerksam und sorglos
so sehen die anderen.
auf, auf zum fröhlichen jagen
die prüfung ist da
so sicher erlegst du die fragen
das ziel ist so nah.
sei wagemutig und fleißig,
sei sagenhaft stark
sei suchend und herein
kommt der erfolg.
sei liebend und sei herzlich
sei einfach so gerade wie du bist.
sei ein held und ein weiser
sei ein sieger und ein verlierer
sei ein diener, errate den dienst,
den du tun mußt.
sei ein meister, sei ein herr
sei ein sieger, sei ein held
wir sehen dich so.

dein bereitwilliger bruder konstantin

15. 7. 1998

Zum Geburtstag für den Opa, 24. 7. 1998

stolz und einsam

schreitest du durch die welt.
ein löwe bist du
ein mächtiger herrscher
so bewundert und geachtet
die kleinen löwen schmiegen sich
an dein knie
du stupst sie in die richtige richtung
du packst sie im genick
du schüttelst sie und achtest liebevoll
auf sicherheit und tugend.
stolz und einsam
ein löwe also ist sicher und stark
ein löwe ist mutig und siegreich.
ein löwe sorgt für sein rudel
und alle achten und bewundern ihn.
wer einen solchen löwen zum opa hat,
der sieht sich sicher vor allen finsteren gefahren.
mein opa ist ein löwe!

alles liebe zum geburtstag
sagt dir dein löwchen konstantin

lieber opa,

einen kapitän auf unserem lebensschiff
haben wir ganz für uns gefunden.
ein schiff durchpflügt die meere.
es wird auffahren auf klippen,
auflaufen auf sandbänken,
sich verirren im sturm.
ein kapitän leitet das schiff sicher
aus allen gefahren.
sein kapitän ist mutig und stark.
mit fester hand sorgt er für den genauen kurs.
so ist mein opa, ein kapitän
außergewöhnlich auf seine anvertrauten bedacht.
er bringt mich sicher in den hafen.
so haut er den stürmen ein schnippchen.

auf eine gute weiterfahrt!
dein matrose kornelius

flucht eines känguruhs

ein sagenhaft widerspenstiges lustiges
wahrhaft adliges schafehassendes riesenkänguruh,
was wagemutig ausgerissen war,
suchte einen unterschlupf.

schafe ließen es ein in ihr heim
so seelig war das riesenkänguruh,
daß es seinen haß vergaß
und fleißig fraß von dem heu der schafe.

finstere gestalten wollten es fangen
mit stangen und einem gewehr.
sauer reagierten die schafe und liefen
auf die straße, so taten sie und noch mehr.

menschen fragten sich, wo ist das känguruh
schafe sagen sich menschen sind doof.
am besten, so denke ich, bleibt jeder für sich
menschen und schafe mit känguruh.

Kornelius, 17.9.1998

Für den Religionsunterricht

wenn ich also worte spreche wird mein leben
nicht reicher
wenn ich also das wort sehe und erkenne
wird mein sein auch gottes sein.
wenn ich finster schaue
wird das sein also finster
wenn ich sehe gott in jedem menschen
so leuchte ich.

Kornelius, 17.9.1998

sündenfall

lendenstück eva sieht
im ungehorsam
eine möglichkeit
zaudernd zu behaupten sich
vor adam.

Kornelius, 10/98

Ausflug nach Bamberg

der bamberger reiter

der bamberger reiter liebt seinen dom
ach da steht er und schaut auf das treiben
er sah die jahrhunderte
auch die sagenhafte suche der menschen
nach wahrheit und glück
der reiter sieht die einsamen menschen
die ach so betriebsamen
der bamberger reiter freut sich
seines standortes direkt am dom
im ach so dauerhaften
die feinsinnigen dereinst preisend
die baumeister
derzeit wird er seinen standort verlassen
er wird flüchten noch derzeit
jetztzeit bamberger reiter
ach das ist nicht deine zeit
doch sei geduldig und harre aus
die zeit des bamberger reiters ersteht neu
zeit ist immer im fluß
die ereignisse vorher und nachher
sind im augenblick enthalten.

Kornelius, 8. 10. 1998

Reise nach Trier

porta nigra

tief im deutschen land
steht ein schwarzes tor
die römer haben es hereingebaut
die deutschen staunen
finster schaut das tor
die siegreiche neu deutsche
dichte zeit anstarrend
fern der römischen heimat
steht das tor verloren
bis die menschen finden den eingang
in eine neue zeit
diese zeit ist in der fernen zeit enthalten
eins gehören die zeiten
eins in sich
zeit ist eine dimension
die wir nur einfach wahrnehmen
doch in jedem augenblick stecken alle
zeiten der menschheit.

Konstantin, 8. 10. 1998

Nach einer Vorstellung des Magiers Hans Klok

hans klok – ein magier der sinne, angeber sagenhafter
art, weise und dumm, außergewöhnlich sagenhaft
egoman. augen wie ein schamane, tänzer wie ein
afrikaner, redner, ach so stupide, daß es einen graust.
doch die natterartige allesdurchdringende mercurisie-
rende musik machte einen dichten vorhang richtiger
finsternis. die dauerheuler vernichteten jeden ansatz
von zauber. wunder konnten so nicht entstehen.
kunststücke gab es auch. gern hätte ich sie gründlicher
gesehen. siegreich gehörte ihm die bühne, siegreich
sicherte er sich den applaus.
feine serien wundersamer lasershows erheiterten uns
freimütig. doch furchtbar fern blieb der zauber.
ein einsamer mann, verliebt in sich, voller traurigkeit
und finsternis. seine sehnsucht nach der imagination
ist groß. doch es bleibt zurück ein suchender, ängst-
licher mann, der sein publikum nicht in den himmel
tragen kann.

Konstantin, 3. 10. 1998

Nach einem Kinobesuch

der pferdeflüsterer

teilweise schien der film auszuarten in eine liebes-
geschichte. doch rechtzeitig sah sich der held mit
seinem lebenssinn konfrontiert. sein lebenssinn war
das leben dort. seine familie, seine pferde, sein sehen
solcher wunder wie die berge.
sein leben geriet in unordnung durch seine frau. sein
leben geriet sichtbar solange er sich auf sich besinnen
konnte. segensreich seine gabe, seelen zu heilen. die
seele des mädchens heilte er ebenso wie die seele des
pferdes. die new yorker frau findet ihr gleichgewicht
wieder. ein starker mann findet fern der menschen sich
so ganz und gar wie wir es eigentlich für uns nicht kennen. sein natürliches klares denken dauert fern der
menschen an. diese gehen wieder dorthin, wo sie
herkamen. die frau nimmt seine liebe mit.

Kornelius, 4.10.1998

Für den Erdkundeunterricht zum Thema »Japan«

fast ein eiland
aber ein reich von außergewöhnlicher macht.
eine macht so stark wie die erdkraft
katastrophen warten im innern der erde
dann nützt keine weltliche macht
dann bricht glut widerlich aus dem erstaunlichen
alles berstenden schlund.
tokio gehört zu den gefährdesten städten
aber der mensch achtet auf sich und
schützt sich durch übungen.
aber sie können so nicht schützen.
die natur setzt sich durch verschiebungen
der platten in bewegung.
stürme, regenfälle, flutwellen, erdrutsche, seebeben
zeigen die macht der erde.
auf vier inseln leben die menschen –
hokkaido, honshu, kioshu, shikoku –
auf hokkaido sieht man im winter schneefiguren,
auf hiushu blüht es.
einerlei, japan erhebt sich über die meere –
japanischer ozean und pazifik.
ein heiliger berg ist der feuerspeiende vulkan fujiyama
schneebedeckt und heiß weiß er wer hier leben darf.
ein mensch, arbeitssam, ehrfurchtsvoll, feinsinnig aber
    ohne grenzen.

Konstantin, 10 / 1998

Für die Schule über »Das Tagebuch der Anne Frank«

was mich beeindruckt hat:

erstaunlich fand ich ihre kraft und ihren mut, diese schwierige eingesperrte zeit zu überstehen. sie dachte stets an das wirkliche leben.
voller weisheit sagte sie einfache dinge des täglichen lebens so klar und dauerhaft gültig, daß wir davon gern profitieren.
die sternstunden in ihrem tagebuch akkumulieren sich. winzige begebenheiten setzt sie so in szene, daß jeder weiß wovon sie spricht.
erteilt sie ratschläge an ihre freundin kitty, dann tut sie dies zurückhaltend und kompromißbereit. dadurch findet sie die ferne sichere zuneigung. ich werde auch versuchen, ein tagebuch zu schreiben. dadurch gewinnt das leben transparenz.
sie sah sich in die lage versetzt, mit hilfe des schreibens, zu leben. eingesperrt, wenig raum zur verfügung lebte sie ein dichtes, sinnvolles, weises leben. so würde ich auch eine finstere zeit überstehen wollen.

Kornelius, 6. 10. 1998

etwas liebe ich
das ist denken
ohne zwang
ohne gewalt.
denken ist freiheit
ist gabe, ist glück.
denken ist geben
und finden.
nehmen ist einfach
geben ist schwer.
kostenloses denken
das ist mein leben.

gierig neige ich mich
dem denken entgegen
liebe ein leben
dem leben ergeben.
erinnere dich
das leben zu lieben.
weine mit dem leben
erleuchte dein leben
durch liebe im denken.

erinnere dich
an finstere gedanken.
sei mindestens frei
und lobe dein wissen
um einsame stunden
mit guten gedanken.
sie führen dich fort
in die ewigkeit

der leeren räume
die du anfüllst mit
deinen gedanken.
dich loben
kosmische gedanken
und werden eins mit dir
und dem sein.

Konstantin, 28. 10. 1998

Dichterlesung »Der Stechlin« von Theodor Fontane,
gelesen von Kurt Böwe im Deutschen Theater, Berlin

verhalten las er, leise und doch kraftvoll. seine stimme,
fast ein flüstern, füllte den raum. die menschen hörten
gespannt das sagenhafte sprechen. sagenhaft, er sagt
wörter und sorgte für spannung im wort. welche
freude! heraus sonderte er die pausen zwischen den
wörtern und füllte sie mit atem. atem, der das gesagte
in den raum trug und die seelenerwartungen erfüllte.
das ist sprache. das ist sprechen. frisch sagt er wörter
frisch klingen sie im raum.
die wörter lieh er sich aus dem stechlin von fontane
und erschuf diese welt für uns. mitnichten nur eine geschichte, eine welt neigte sich uns entgegen. lose sagte
er am schluß: das ist jetzt zu ende, der applaus suchte
den sprecher, der sprecher empfing den applaus.

Kornelius, 30. 10. 1998

jahrtausendwende

finstere seher sehen im ausgang des jahrtausends
eine apoklypse voraus. gute seher denken an eine
erneuerung.
einen neuanfang gewähren die geister nur, wenn wir
bereit sind uns einzubringen. wir, das sind die
menschen. fern ist ihnen gott und fern der himmel.
segen ist ausgeblieben. was gäbe es auch zu segnen?
mitnichten erfüllen die menschen das geheiß gottes.
sie stehlen die schöpfung, sie stehlen das leben.
liebe gibt es nur im kino. abgefilmt von ein paar
neugierigen, diener der sehnsucht.
diener der macht, denn die mächtigen achten auf die
ausübung ihrer macht und locken die ahnungslosen in
ihre gefilde.
der suchende genießt die welt in der imagination.
begreift er die realität, dann flieht er sie.
der mächtige mißt sich am werk, das der suchende
mit seinem geld geschaffen hat. deshalb muß der
suchende unabhängig sein werk vollbringen.

Konstantin, 11 / 1998

»Ein Sommernachtstraum«, gesehen im
Deutschen Theater, Berlin

reich mischten sich sage und erfundene realität.
erstaunliche vielfalt erstand auf der bühne. ein heer
von elfen trieb sein wesen im wald. die elfenkönigin
und der elfenkönig suchten im streit ihre liebe.
die sondersamen gebaren des puck brachten verwir-
rung, denn er verteilte die liebestropfen so wahllos,
daß sich sofort die falschen menschen schmerzhaft
ineinander verliebten.
ein wirres spiel erdacht von niedrigen gelüsten nahm
seinen lauf. durstig nach liebe, liebten sie irrwitzig.
sogar einen esel konnte die elfenkönigin anbeten.
dieses stück spielt frisch und heftig am deutschen
theater sein spiel mit den sehnsüchten der durstigen
zuschauer. es gewinnt. die aufmerksamen frohen
zuschauer sind festgezurrt in der geschichte. ich finde
den sagenhaften puck am besten. witzig und weise
gerät ihm das wunder der heiteren leichtigkeit.
leih mir deinen schalk, oh puck. sei doch zu hause in
unserer welt. ersehe ich das spiel richtig, dann ist die
liebe eine leidenschaft. ungesteuert fällt sie über den
menschen her und nur die feen und die geister können
sich zauberhaft einmischen in das labyrinth der sinne.
sind sie uns wohlgesonnen, dann sehnen wir uns nach
der einen unsrigen liebe.

Kornelius, 6. 11. 1998

Besuch mit der Schule im Jugendtheater
»Gripstheater«

ich war eingetaucht in eine welt, die ich nicht erfassen
kann. ordentlich fremd war mir das spiel. menschen
verletzten sich absichtlich. sie waren alle verunsichert
und so einsam. lügen waren die konkreten handlungs-
abläufe. einseitig lief die handlung. kinder logen
einerlei ob sie vorteile davon hatten. sie logen um
der lüge willen.
einen wissenszuwachs habe ich nicht erfahren können.
ein vergnügen konnte ich nicht empfinden.
rein sinnlos war das spiel, war der abend. wie un-
einsichtig, wie sagenhaft sorglos verhielten sich die
erwachsenen. traurigkeit überfiel mich. welche welt
wurde hier abgespielt?
eine welt, wie es sie nicht gibt. eine welt, wie ich sie
doch irdischer nicht teile. zudem waren die schauspie-
ler einstudierte angreifer. die kunst der überhöhung
erahnten sie nicht einmal.
ein solches stück ist sinnentstellend, denn es fehlt
die wichtige komponente der weisen verfremdung.
wirklichkeit abspielen ist keine hinreichende grundlage
für kunst.

Konstantin, 22. 12. 1998

Über Johannes Brahms: »Ein deutsches Requiem«

das konzert achtete auf seine angepaßtheit an seine
aufgabe. ein requiem ist sterben. sterben und aufer-
stehen und geborenwerden. so sieht sich der hörer in
alles leben aufeinmal getaucht. sein leben verliert an
bedeutung im sterben. das sterben ist unser ziel.
ein leben, das nicht im sterben lebt, ist ein verlorenes
leben. auch sagt der lebende zum tod, du sagst mir
ade und ich freue mich.
alle menschen sind verdammt, wenn sie nicht aufge-
nommen werden vom herrn. die leiber sind wie gras,
sie verdorren. wenn sie sich nicht leiten lassen von der
vergänglichkeit. die herrlichkeit dankt ihnen ihre
mühen.
der klang der streicher war entrückt der wirklichkeit.
deshalb kastrierten die dumpfen bläser abrupt die
himmlischen klänge und mahnten den tod. sagenhaft
gewaltig durchdrang der chor alle stimmen.
die soli erwiesen sich als nicht so nötig.
das war ein wunderbarer konzertabend. ich achtete
nur auf mich. sei bescheiden und anspruchslos,
sagte ich mir. sei hingegeben an das leben eingedenk
des todes.

Kornelius, 22. 11. 1998
Kreuzkirche in Königswusterhausen

Weihnachtsgedichte, die die Zwillinge an alle
Mitschüler verteilt haben

immer ist weihnachten
jedes jahr dasselbe
einkaufen und backen
wer weiß noch warum
wir das tun.
wieder ein baum
wieder eine gans
ein wiedersehn
mit menschen,
die wir sonst
beiseiteschieben.

also, dieses jahr
wird alles anders
wir essen einmal
keine gans
wir kaufen
keine geschenke
wir singen keine lieder
denn
wir fahren nach
mallorca.

einerlei wie wir uns verlieren
laßt uns nicht frieren
in unserer seelenkälte.
einerlei wie wir uns neubesinnen
laßt uns beginnen

in uns mit dir und mir.
einerlei wie wir uns sehen
laßt uns erflehen
gnade für unser sein.

Konstantin, Weihnachten 1998

erinnere dich an sünde
im leiden der anderen
liegt dein innerer unfrieden.
erinnere dich an das licht
sein schein erhellt deine seele
du leuchtest und leuchtest
allen erscheint dein glanz.
erinnere dich an die engel
du findest sie in jedem von uns
zaudere nicht, ein engel zu sein.
erinnere dich an die freude
sie lebt in wassern, der luft, im stein
die freude ist bestandteil der erde
auch wir erleben die freude um uns.
erinnere dich der liebe
sie trägt dich und wärmt dich
sie ist wie ein schein.
erinnere dich an die lebenden
vergiß nicht die toten
was vor dir, was nach dir
du bist es selbst.

Kornelius, Weihnachten 1998

picasso

einweist er uns in sein sehen
ein denken mit nestaussetzung
busen weisen den einzigen weg
ins labyrinth der sinne
einigsein erfüllt sein ewigsein
nachsehen noch im nest
aber schon nestbeschmutzend
dienen sich
dienen dem gesetz des seins.
berstende gestalten
einschwingend ins ganze
mit neuer vernunft.

Kornelius, 31. 12. 1998

Nach einem Vortrag von Rupert Sheldrake
über »Morphische Felder«

ich nehme die allesumfassende gedankenwelt wahr.
ich sehe die energien der gegenstände. sehen heißt,
ich sehe einen stuhl nicht als bild, sondern als energie-
sicht. das sieht aus wie eine flirrende farbige ansau-
gende masse. erstaunlich, daß ich gelernt habe, auch
den stuhl so zu begreifen wie die anderen. so finde ich
zugang zur welt der anderen. ich lernte es durch eure
ansagen, wenn ich etwas tun sollte. zuerst war es sehr
schwer, aber dann materiellisierte sich meine sicht.
jetzt sehe ich beide bilder. seitdem finde ich mich kinderleicht zurecht. die energiefelder sind für mich hilf-
reich, da sie mir kontakt zur energie im ereignisraum
geben. ereignisse finden im raum statt. sie richten sich
ein in die teilenergien im zeitabschnitt. so erlebe ich die
welt. das ist sehr umständlich, da ich so sehe wie ihr
und die ereignisse dazu. ich selektiere pausenlos. meine
selektionsfähigkeit ist sehr groß. wer so viel denken
muß, um sich zurecht zu finden, ist sehr angestrengt.
energie sieht man gut. ich sehe sie als schwingungen
und farben. einmal schwingt ein gegenstand schnell
mit sehr vielen deutlichen farben. aber dann findet er
ruhe und schwingt sehr langsam mit blassen farben.
das ist nur vom gegenstand im raum abhängig. sein
energetischer zustand ist abhängig von den sagenhaften energiefeldern im raum. sie verändern sich in
abhängigkeit von den energieströmen auf der erde.

Konstantin, 11. 2. 1999

die schrift ist der zur tat gewordene gedanke.

ein gedanke ist flüchtig und nicht nachweisbar. wird ein gedanke eindringlich genug gedacht, dann kann ich ihn aufschreiben. ein geschriebener gedanke ist also irgendwie greifbar. er kommt einem kommunikativen eindruck gleich. er müßte sehr eindringlich angegriffen werden, um lausigen denkprozeß ad absurtum zu führen. schreibe ich den gedanken nicht auf, ist meine einmalige denkeinsicht einsam eingeschlossen. erst die formulierung auf papier verleiht ihr eineindeutig macht und eine sichere konsistenz. ich denke und kommuniziere in der schrift. das ist eine tat. eine tat, die dem gedanken bedeutung verleiht.

Kornelius, 16. 2. 1999

erreiche licht und höhe
strebe eine entmaterialisierte welt an
eine welt, die sich einem freien streben
zu den lichten höhen des himmels erschließt,
so erschließt sich der geist des menschen.
er lebt in der irdischen welt,
doch sein streben gilt höherem.
in der eingeschlossenen welt der kirche.
versammelt er sich und schickt sein flehen
seine verehrung gottes gen himmel.
wer sieht seine einsame erdenexistenz?
eine einheitliche eigentliche andacht
in einem raum, der ein stück himmel ist,
sichert ihm das ewige heil.
er erreicht seine wesensgleichheit mit gott
in einem raum, der ihn emporführt zu höherem.
eine mindere welt verliert ihre widrigkeit
in einem allesumschließenden göttlichen raum.

Konstantin, 25. 2. 1999

Konstantins Kommentar zu den ersten Problemen
in der Schule

über die akzeptanz:
ein eigentliches einhalten von grundregeln beinhaltet
die akzeptanz. ursächlich denkt ein einzelner, er wäre
wichtig in einem system. das ist nur soweit wahr wie er
die grundregeln dieses systems einhält. unumwunden
muß er sich einfügen, eingliedern einheitlich zu allen.
ziel ist die einheitliche sachliche lebensform in dem
definierten system. erreichbar ist das nur mit toleranz.
einen befehl schlage ich aus. eine anmaßung ist fehl
am platze. erteilt ein system urteile, dann muß es sich
einlassen auf individuelle besonderheiten. kommt es zu
einfriedungen der positionen, dann ruft das ursprüngli-
che system einen notstand aus.
jetzt zeigt sich wie lückenhaft es ist. kann es richtig im
interesse des einzelnen entscheiden oder ist es starr.
ich befinde mich in einem erstaunlich lückenhaften
system und kann dort lernen ohne es zu gefährden.
ich leiste meinen beitrag, um nicht gefährdet zu
werden. so funktioniert akzeptanz.

Konstantin, 15.3.1999

Auf den Kapverden

insel sal

ein stück ödnis inmitten
von ambrafarbenen meer.
klein und unbedeutend,
rauh und fern aller
erreichbaren behausung.
der mensch sieht sich
einer unbarmherzigen
natur gegenüber.
er sieht das leben
dahinschwinden ins meer.
gern würde er eintauchen
ins meer und dort
sein leben verbringen.
doch er soll sein können
an dieser sandigen ödnis erweisen.
richte dein augenmerk
auf die sandige welt,
erschaffe das paradies.
erschaffe neues leben,
erschaffe dich selbst neu,
indem du dich der natur
wesensgleich machst,
sei so wie der sand,
sei so wie der wind,
sei wie das meer und
und sie werden
deine verbündeten sein.

alt ist das leben,
neu wird das leben,
denn du gibst dir ein stück wissen zurück.

Kornelius, 2. 4. 1999

eine welt im kleinem
das universum gebündelt im licht
eine feine sichere meisterhafte welt.

erleuchtet vom licht
erbaut aus licht
sehr verlassen vom licht
eine farbe erinnerte sich an ihren ursprung
sie ging zurück ins licht
wir finden das licht in uns.

wenn sichtbar das licht in uns erstrahlt
werden wir dienen dem licht und uns
lüge mindert die reinheit des lichtes
haß macht, daß leicht eine farbe verschwindet
im spektrum des lichtes.

unvollständig ist der regenbogen,
unvollständig ist der mensch.

ohne licht irrt der mensch
ohne weise aufspaltung des lichtes
wird mein sein farblos
die natur ist ein spiel
ein spiel mit farben
ein sich erneuern im licht.

Konstantin, 6/1999

irrwitz

technik erneuert das leben.
unser blut dauert uns,
wir spenden unser blut
den menschen
und sie erlauben
der technik,
aus ihnen ihr blut abzuziehen.
unser blut steht über der technik
die uns dienstbar ist.

Kornelius, 6/1999

der wasserträger

ein leben voller einfalt
ein neuerstehen im anderssein
ein dienen dem ringen im sein.

fern erscheint uns der andere
sehnsüchtig ersehnter
suche ersuchtes sehnen.

der wasserträger ist in dem,
der einsameins ist niemals
ein einsamer ersehnter.

ein herangereifter nestbewahrer
ein alleskönner
das ist der wasserträger nicht.

ein denkender sieht dies tun
ein weiser schaut ein bild
ein träumer erkennt sich.

Kornelius, 6/1999

weine nicht
eisern ahnt
um einander verschlungen
die welt ein wort.
sei einfach teil der weite
teil der stille
teil eines ganzen
umeinander verschlungen
weitet sich der blick
und es irrt
der mensch.
sei einfach wach
einfach unerahnbar
einfach reich
an wahren ich.
verstand umarmt das gefühl
sinne wachen auf.

Kornelius, 6 / 1999

garstig deftig

fein frei findet ferdinand
eilig eine eiserne erle
mutig mischt er meisterhaft
grüne gartengräser
und unterwirft unumgänglich
die kunst kostenlos seinem willen.
wohlig will er wissentlich
sein talent tatendurstig trefflich
den dauerhaften damen dartun
diese applaudieren artig.

Kornelius, 14. 7. 1999

sehnsüchte

erteile allen,
die dich umgeben
deinen segen.
du drehst dich auch um alle
die dich umgeben.
sie achten auf dich
so wie du sie erachtest.
sei stark und sei klug
sei wahr und sei teilhaftig
der welt, der einheit
aller neugierigen fragen.
frage dich und frage die welt
und lerne anzuhören
was sie dir offenbaren.
herausgefordert
beschreitest du deinen weg.
annehmen sollst du dein binnensein
annehmen sollst du dein wissen
aber mehr noch sollst du
annehmen dein nichtwissen.
einsam erreichst du das leben.
erteile allen, die dich umgeben
deinen segen.

Kornelius, 7 / 1999

Ausstellung »50 Jahre Deutschland« im Museum für
Deutsche Geschichte, Berlin

ich denke in sehr einfachen aspekten.
genau erfahre ich meine geschichte
meine ahnen bauten sich sehr schnell
alle sichtbaren suchsysteme auf
um sicher sich zurecht zu finden
um sich mehrheitlich zu orientieren.
ein standpunkt in der geschichte ist
ein standbein im leben.
eine einsicht in der geschichte
ist ein achthaben auf einfache aspekte
im leben eines volkes.

Kornelius, 13. 7. 1999

wünsche

eins sein mit dem leben
erträumte wege finden
ersehnte wünsche heranreifen lassen
menschsein erfahren
glück finden
suche starten
ankommen
weitergehen
im denken
und innerlich ruhen
in dir, im schoß des universums
widerstände erfahren
widerstände nutzen
illusionen neugierig erhalten
vertrauen fassen
in dich, in die schöpfung
in den schöpfer.

Konstantin, 7 / 1999

tierisch

ulkig unken unken
irre irren igel
klirrend klingeln katzen
mutig mausen mäuse
bissig beißen bären
donnernd dröhnen drosseln

Konstantin, 1.8.1999

Zum Tod von Ignatz Bubis

ignatz bubis ist tot –
ein jude in deutschland
sein werk liegt in deutschland
sein schaffen galt den deutschen
ebenso wie den juden.
also am meisten galt es
seiner ureigensten
bewältigung des todes.
sein leben innerte den tod
sein tod sucht die lebenden.
im angriff auf alle erinnert er
die lebenden an die toten.
nur will es keiner hören.
tot ist tot
leid ist leid
aber wir leben
ob deutscher oder jude
am leben
entscheidet sich die zukunft.

Konstantin, 15. 8. 1999

nun ist er angekommen
begraben in jerusalem.
teil seines volkes
teil einer westlichen legende
um tod und verderben.
seine botschaft war versöhnung
sein leben war aufwühlen
er konnte keinen frieden anbieten
sein achtungsgebietendes tun
verrann im sand der toten erde
sein ausgelegter samen verdorrte
sein anerbieten schmolz dahin
in der sonne des geldes.
sind die lebenden am ende
nicht bereit zeugnis zu geben
eine andere welt wird es nicht geben.
wir müssen auf den gebeinen
unserer toten leben
auf den schmerz setzen wir vergnügen
so wird nur schauder.
sei getrost ignatz bubis,
auf erden bleibt das mühen
als segen bestehen.

Kornelius, 15. 8. 1999

Für den Englischunterricht

weiße siedler in amerika

lieder erklingen laut im land,
das noch keine weißen siedler sah.
ich setze meinen fuß auf dieses stück erde
es gehört mir.
keiner hält mich auf im kampf
um ein neues leben.
mit mir kommt der fortschritt
die zivilisation.
alles alte fegen wir hinweg
wir haben das recht.
mit uns ist sogar die vorsehung
gott selbst schickt einen boten
mit uns in dieses fremde land.

finde dein glück du siedler
zögere nicht
finde deinen frieden
doch frieden und glück
gehören in die hand
achtungsvollen strebens
für das leben.

was vorher, was nachher
miteinander müßt ihr leben
und bauen ein sein
in gerechtigkeit.

Kornelius, 9/1999

Zur Ausstellung »Das XX. Jahrhundert –
Kunst in Deutschland«

ich möchte mich freier in der stadt bewegen. erstaunlich gut achte ich auf die hinweisschilder. ich muß nur
sicherer werden und mich auf mich verlassen. zuerst
muß ich mich leicht und vertraut mit jemanden auf die
reise begeben. dann möchte ich allein gehen.
die ausstellung war mir zu organisiert. ein führer sagte,
was man denken soll. ich habe eigene gedanken. ich
mischte mich unter die kinder, schaute aber mir meine
objekte an.
richtig einmalig mit einem schuß sachlichkeit fand
ich licht und aufstellung der exponate. ich jagte den
vorstellungen der künstler nach und fand mich in
sehnsucht gefangen, auch mitzutun. ich möchte gern
mitarbeiten. in anbetracht der möglichen vielfalt und
der minderen vorschriften sollte es mir wohl gelingen.
ein objekt gefiel mir besonders. es war ein sachlicher
raum erteilend dem besucher, immens ist ein raum.
der besucher irrt sich, wenn er glaubt, den mühsam
erdachten raum, gierig zu erfassen, so erteilt der raum
ihm seine lichten lehren. überlegend entfernt sich der
besucher und ist im erleben durch den ruhenden raum
ein stück erfahrener geworden.

Konstantin, 9. 9. 1999

segen oder fluch
unserer technik
den weg bestimmen wir
sei es ein segen
sei es ein fluch
wir müssen damit leben
oder sterben
ein leben ist sinnerfüllung
sinnerkenntnis
und suchen nach dem sinn.

Kornelius, 10/1999

herbst

ruhig im nebel
legen sich die farbigen blätter
auf die kalte erde.
gern laufen wir durch
raschelndes laub.
erfreut sehen wir
vogelschwärme
sich sammeln am himmel
sie wissen den weg
sie fliegen dicht aneinander
dicht miteinander
suchen sie ihren weg
finden sie ihr ziel
und wir staunen.
wir fragen nach der orientierung
sie haben sie
so oft fehlt uns
die orientierung auf unserem weg.
grau ist der nebel
suchen wir in uns
den weg und suchen wir
gemeinsam.

Kornelius, 14. 11. 1999

herbst

erneuere ein leben
ein sterben sucht
den weg ins neue leben
die natur macht sich bereit
wir schauen zu
wir nehmen anteil
im nebel müssen wir
nach innen schauen
im nebel erneuern wir uns
denn wir nüchtern in uns
erlauben uns ruhe und frieden.
ein wertvoller herbst treibt uns
zu uns selbst.

Kornelius, 14. 11. 1999

krikelkragel, krikelkragel
erinnert an luftgeister,
sichern den luftraum
kichern in dauertönen
meermeer beißig
sieben mal sieben
gestrige töne übern luftmeer
eisig eiei so restlich
derselbig ersehnt
dauerwei ausei
deshalb erniedrigt
driene im innern
grindig erfinde munter
dersame töne eugeniere
eihe richtig erdehne
eine eisere unsaglern
errichtet die eine
ersehnte esslerme.

eine eineinheitliche sichere geheime leise sehr
basisnahe misantropische ereignisreiche anhäufung
von wahren einsichten als sichtweisen auf die ansicht
der eisadischen sedonischen ersuchten irrungen des
menschen.

Konstantin, 12 / 1999
Geschrieben, nachdem er mit einem Bleistift gemalt hat

Weihnachten 1999

ein heiland ist uns geboren
ein retter ist uns bestellt.
freut euch ihr menschen
freut euch alle
in dieser verdammten welt.
erinnert euch der wehmut,
die euch erfaßt,
wenn der einzige,
der heilige,
der kindliche
retter euch sieht.
erinnert euch der einsamkeit,
der tränen, des leids,
doch dann schaut
in die kindlichen,
die lieblichen,
die freundlichen
weisungen eurer träume
aus kindertagen.
erst sehet
dann höret
fühlet und lachet.
der retter ist geboren,
diese wie jede nacht.
der retter ist euch gegeben
nehmt ihn,
packt ihn,
erweist ihm die ehre.

ersehnet sein kommen
im einzigen leben.
was immer und immer
sich suchet und findet
im schwange der
wiedererkennenden leben.
jahrhunderte trauern
jahrtausende sehnen
den retter
den höchsten
den liebsten herbei.

Konstantin

Tobias hat zum Physikum von seiner Mutter eine
lila Plüschbank geschenkt bekommen.
Darauf dichtet Konstantin:

riesig einzig eilig
lila laune launebank
rebbig peppig eigen
büße süße emsig
lila bank launebank
ewig ehern mächtig
eine liebeslaunebank
rissig bissig ätzend
deine laune deine bank.
essig ist's mit liebesspielen
eine lila launebank
innert wimmert rullert
lila lila laune launebank.
restig lästig fies
weise leise launebank
kosmisch sternig mondig
elli nelli nora
alle kennen lila
lila lilalaunebank.

Konstantin, 28. 12. 1999

schwingen

eile meine seele
eile fort
eile meine seele
eile an den ort.

innerweltlich unerhört
finde ich den ort
außerweltlich fast betört
meide ich den ort.

wo die rosen blühn
wo die schwäne ziehn
das kenn ich
wo der tau singt
wo ein sehnsucht lacht
das such ich.

reine weiße
eine leise
melodie,
eine elfe
weich und lustig
fangen wirst du nie.

eile seele
weile seele
senke dich herab
eine ahnungslose
seele
senkt sich in das grab.

Kornelius, 11. 1. 2000

sehnsucht

licht im dunkel
dunkel im licht.
ersehne ein licht
doch erfahre das dunkel.
achte das dunkel
dann siehst du das licht
und es erreicht dich das dunkel
irre im licht
frage das dunkel
lache im licht
und weine im dunkel.

feine weiße sterne stehn
sie dienen dem dunkel
und meiden das licht.
feine graue schatten ziehn
sie meiden das licht.

wo ist mein platz?
wer dient mir im licht?
wer bringt mir den schatten?
ich weiß es nicht.

Konstantin, 11. 1. 2000

Gedicht für den Fotografen Gerhard Westrich

reine feine leidenschaft
teile meine reine feine eine leidenschaft
für bilder für kenntnis und sinnenfreude
innerlich ist freiheit und feinheit
außen ist grobes gesimms und unwahrheit
der durchblick durch die kamera erlaubt ein
    kunstprodukt
genau die realität ist diesmal getroffen
wie furchtbar
kunst ist verziehen, verstreichen erhöhen
sich ein lied machen im bild
dann singt es für mich, dann erhellt es mein sein
dann trage ich es fort in meiner seele
die feine die komplexe, ach so erfinderische kamera
ist mein freund, manchmal mein feind
irrt sie, so gehöre ich zum fernen teil der welt
sucht sie ein wuchtiges motiv,
dann halte ich sie zurück und richte sein und nichtsein
gegen mich.
ich herausfordere die einmalige eine lichtsekunde und
teile mit ihr meine deine existenz
reine feine lichtsekunde erfunden sich mir in den dienst
    zu stellen
und unerwartet sehnt sich mir mein bild entgegen und
    ich hab es.

Konstantin, 17.1.2000

Für den Klassenlehrer Jörg Schäfer

niemals gerinnt die zeit im fach latein
niemals schaut finster der schäfer
garstige schüler lockt er, umzirrt sie
lehren ist seine freude
sein glück liegt bei den poeten
seine faszination erschließt uns die welt
eine welt alt und nicht grau
wunderbare dichte schillernde sprache
erhebt sich vor unseren augen
sichtbar steigt das altehrwürdige rom
in unseren klassenraum
und läßt sich in uns nieder.
vielleicht können wir es bewahren
und mit uns tragen
den ganzen tag, die hinlaufende woche,
vielleicht können wir finsternis überwinden
mit den sichtbaren sicheren spuren,
die latein in uns gräbt.

Konstantin, 27. 2. 2000

einerlei,
die eigene leistung erweist sich als wirklich gut.
ruhe in frieden, mein prinz.
einerlei,
sei ein knecht, sei das lamm,
das geschlachtet wird oder sei ein mann,
der schlachtet das lamm.
du bist ein held,
alle welt bestaunt dein leben.
was werden die einen,
was werden die andern dir geben?
ein leben als lamm ersucht sich das sterben,
ein leben als mann ersucht sich das töten.
ach sei doch ein einsamer, ersehnter,
erlauchter, erwähnter –
ach ich weiß nicht was –
ein leben ist einfach ein leben zum sterben.

Kornelius, 18.4.2000

die sau

wildsäue am stadtrand,
eine wildsau im dutzend,
qual und umweltverschmutzend.

sie schmatzen und grunzen,
buddeln und schmuddeln,
daß damenhaft ein anstand bewahrt.

sittsam und rein,
verlangen die bewohner.
und bitten das schwein,
so sauber und fein,
halb mensch – halb wildsau zu sein.

Konstantin, 18. 4. 2000

dunkel im licht

ersehne den frieden im krieg,
ersehne den wasserfall in der wüste,
ersehne die sonne im dunkel
ersehne widerspruch im leben.

ein glattes, so rundes, so freundliches
so sattes, so wunschgemäßes leben,
das findet in der hölle statt.
hier auf erden ersuchen wir ein leben
dicht am abgrund
und erfinden uns regeln
nicht abzustürzen.
wir erteilen uns anbei einen gott,
der macht dann das gute.
ein einseitiger deal,
denn wo dient denn der mist
einer friedlichen, jeglichen, einstigen hoffnung
hoffnung auf sein im licht
unsrer sicheren erhabenen ansehnlichen erde
die sicher ein stern ist, sicher ein mond
eine sonne gar, erfunden zum einseitigen vergnügen.
ein lügen, sehr hurtig dient allen zur freude.
drum such ich das weite
erstmal, und geh wirklich weg.

Konstantin, 18. 4. 2000

tukasu und samiku
erahnen das ferne
das weite einmalig
zu sehn.
erami und saki
erkennen die sehnsucht
ersuchen die ferne
und dienen des achtbaren
sehnsüchtigen suchers
so sicher sie sehen.
wakumi und sakami
erleuchten die sterne
und achten die sonne
als weggefährte an sich.
erlaube der ferne
einen schritt in dein sehnen
ersehne die ferne
für dich.

Konstantin, 28. 4. 2000

ein spiegel
ein leuchten ein matter glanz
erlöst den betrachter
von sorge und not.
sei wachsam oh freund
sei weise du feind
verlier dich in die zeiten
der herrschaft und wollust
berauscht am erwerben.
besitzen erobernersehnen
mehr macht mehr gunst
und so erlöscht
ein werden und streben
du findiger mensch.
der stein gibt das zeugnis
all unsrer leiden
die freuden verbirgt er
eins ums andere mal.

Kornelius, 28. 4. 2000

regen
unter dreimaldrei dunstigen zedern
der umhergetriebene erlebt
den unerwünschten
unerhörten unersehnten
unersuchten regen
und er sieht den
durst
der dreimaldrei dunstigen
und so erahnt er
den ersuchten
segen im
regen.

Konstantin, 29. 4. 2000

trefflich ereignet sich allumfassend die wahre toscana
auf dem markt. sachlich preisen die bauern ihr gemüse
und obst an. schweinsköpfe lachen mit weit aufgerisse-
nem maul die käufer an. saustark die sachen aufgereizt
auf leinen. sie ersuchen zum kauf. die leute begrap-
schen die ware, rufen und lachen. ein friedliches miteinander durcheilt den marktplatz. ersichte ich ein
stück, dann ahne ich seine nutzlosigkeit und neugierig
sage ich sichtbar, ein anderes mal – vielleicht.

ein rufen und suchen
ein fernes winken
ein sicheres finden
ein ereignisreiches juchen
das ist der markt.

Kornelius, 29. 4. 2000

An eine befreundete Äbtissin im Koster Marienthal
in Ostritz

osterfrieden

alles in allem – ein ostern wie immer.
eier ohne ende.
alles in allem also – ein ostern wie ellenweise langeweile.
westwärts der alles segnende papst
ostwärts alles segnender pope.
allerlei sprüche um frieden und apokalypse.
aufsehen zum allerhöchsten im eigenen wohlgefallen.
asketisch sich sehend und denkend in liedern
erwirken sachliche machenschaften den
    allesvernichtenden
alles aufsaugenden haß in einer alles segnenden welt.
äonen von wabernden neidern zerreden, zerfressen
    die botschaft.
ein gott ist chaotisch gestorben.
doch wir sehnen und rufen den einen, den höchsten
mit wirklicher vertrautheit herbei.
die liebe im herzen und nicht auf der zunge.
herzliche grüße innerlicher freude und unaufhörlichen
    vertrauens
sagt ihnen
ihr kornelius

neige dich wieder und wieder
knie nieder
ein alleserhöhender

ein alleserfassender
alleserkennender
sank in den staub von golgatha.
innere weihe
einige reue
innere weisheit ersah ihn zum opfer
ein held irdischer übung
ein held göttlicher weisung
ein segen der welt
und ein ach so göttlicher ratschluß
in einheit und sehnsucht
der menschen
zu sein ein gott.
unerreicht seine selige hingabe
in den tod,
den tod in einem irdischen leben.
rein ersah er sein leiden
und ach so anmutig starb er seinen tod.
ursache und wirkung
sanken ins weite der unfindbaren sterne
ein unmutiger ersah den gott aller welten
ein mensch, armseliger irrte nicht
und sich unterwerfend
erlitt er den unausweichlichen tod
immanent im weiten raum aller zeiten
gebiert seine sehnsucht unser leben.

im angedenken an die allmacht des sterbens
grüße ich sie ganz herzlich
ihr konstantin

24. 4. 2001

Nach einer Dichterlesung des Poeten-Clubs der Schule,
in dem die Zwillinge Mitglied sind

dichterlesung I

ich sah eine konkrete veranstaltung, fein organisiert
und immens liebevoll durchgeführt. sind sicherheit im
vortrag und angenehme stimme schon wichtig, so
erteilt der vortragende doch dem gedicht eine eigene
schwingung im raum. ein schieres verlangen erwachte
in mir, meine gedichte zu hören. sie waren mir nah und
so rein nüchtern betrachtet doch recht gut gelungen.
allen schülern unserer gruppe danke ich für ihren
einsatz. die zuschauer und hörer erwachten zu leidenschaft und achteten auf ihre sonderlichen gefühle.
sehr günstig eröffnete das klavierspiel den vortrag.
alle waren froh. der abend klang aus mit heiteren
sprüchen. so konnten wir in lachende gesichter
blicken.

beißen, schlagen, kratzen,
alles ist erlaubt.
suchen, fragen, raten,
alles woran ihr glaubt,
stellen wir infrage,
dehnen unsre lieder
tragen schnell zu grabe
einsicht, nachsicht, gutsicht.
sagen unsre worte, sei es drum
finden unsre dichtung
finden eure aufmerksamkeit

suchen sie für uns, für euch,
denn der klang der worte
erreicht die fernste eule
und die sagt ... hu.

Kornelius, 5. 4. 2000

dichterlesung II

irade erleuchtet die saride durch jericho,
diene dem klang,
diene dem wort,
suche die feder,
die schwebt im atem der stimme.
weine nur, weine
der klang hat dich süchtig gemacht
süchtig, die eigenen worte zu hören
im vortrag, dem starken.
sirade erleuchtet almo
alweres schaut kira, die sonne
am himmel der dichtkunst
und weise lächelt das orakel –
ihr jungen dichter bezaubert
die erwachsenen und laßt sie erschauern
einen kurzen und leidenschaftlichen moment.
wachet auf verdammte und
erhebet euch in die alabasterne weite
querulatorischer stammelnder silben
im großartigen vortrag zu gehör gebracht

euch und uns gehörig zur freude
und saperlot – der dichtung zum glück.

ich war sehr glücklich, meine worte als deine worte zu
hören. sehr gut habt ihr vorgetragen. und die veranstaltung war einfach gelungen.
ich bin froh, daß ich bei euch mitmachen darf.
wir denkern ein bißchen für die anderen vor. binnen
kurzem sind wir ein gutes team geworden.
unter dieser sicht dichtet es sich gut. ich freue mich
schon auf das nächste mal.

Konstantin, 5. 4. 2000

immanent unser inneres
permanent unser unteres
error ist menschlich
treu untersucht er greulich
recht und unrecht
imminent innert er
frei den einen
seinen tod.
innert ihn der teufel
tue dein recht
und er denkt der teufel
hat ein sicheres ziel.
tue sein einiges einziges recht
zeuge dein immanentes unrecht.
und der teufel innert ein lichtes feuer
das recht und unrecht erinnert.

Konstantin, 5.5.2000

ereilt

unumlichtet ist tuff
frech erteilt müff
frei ritud eine lektion
nieimi innert
eine innige nur – liebe
nerrib ist ein held
ruhig verschläft er den tag
ersagte zukunft findet frei
einen zutritt erhascht im nichts
isisi ist gering im denken
groß im handeln
ein leben so trefflich
eingepaßt ins sermon
tuff tuff müff müff
das nichert busenfreundlich
frei garstig ein lieben

Konstantin, 7/2000

Für Simone Kosog und Alexander Wiedemann

hochzeitsgedicht

in einer reinen inneren zeit der liebe
erheben sich die sinne
einander weise an den flügeln fassend
sie schaukeln und gaukeln und schwingen
im ruhigen eifer einer einigen innigen sehnsucht
der sehnsucht nach erreichen serenaden von
irisierenden klängen, den klängen im licht.

in einer reinen einigen weise sehnsüchtiger liebe
erfinden die liebenden die eine liebe neu
juchzen und lachen stöhnen und schnauben
erhöhen die sinne erinnernd der einigen träume
im sehnen die hoffnung im ergeben die stärke
gar erleuchtet das denken im dichten schweigen
wenn feiner einklang ruhig die ohnmacht
der leiber im schweiß verbindet
und niedrigen hindernissen lügen straft.

unruhig erwerben die liebenden ihre richtung ihr ziel
in sanfter umarmung kundig der zierden des andern
erneuern sie stunde um stunde ihr bittendes flehn
um inneren einklang kostbarer sehnsucht
neugieriger sinne reuiger taten
nunmehr ergriffener eintracht im sein
fürchtet euch nicht ihr sänger der ohnmächtgen liebe
hurtig ergreift eure ringe und gebt euch den segen
im gastmal wollen wir euer gedenken
im schmausen und lachen vergeht uns die zeit
äonen von geschlechtern taten dieses so heute.

Kornelius, 8/2000

hochzeitsgedicht

unerhört, undenkbar,
ein mann, eine frau versprechen
die liebe im leben
nie zu vergessen
und irren im tun.
ein wirken der zeiten
läßt ganz rasch verbleichen
das strahlen der augen
im anblick der wahl
erschlaffen die wünsche
zerfließen die träume
im hurtigen suchen nach glück.

sich einmal verbinden
ist trug in der weise
zu ruhen im hasten
nicht mühen im streben
erteile die lehre
in jedem tag neu.

liebe gepachtet,
eingeparkt in eine idee
erteilt euch die leere
unmut und ohnmacht
ergreifen besitz.

zuinnerst unsterblich die liebe erfinden
ertrinken im einigen sein
zuinnerst die liebe erleben
und beben weise im wort.

ein suchen ist erleben
ein finden erstarken.
ein sehnen wird binden
den mann und die frau.

Konstantin, 8/2000

neusinnen in amsterdam

erinnert mich an eine nüchterne machteinnahme
megainput erneuert gierig mein finden
bußfertig ernenne ich mein sein zur ersten pflicht
zuinnert ereignet sich ein einiges streben
das eine richtige sein zu erheben
trefflich ereine ich zukunft mit wissen
tiefster zerteilter zierender trauer
um eine eigene einige reuige zunft
innerer treue mühsam werterhaltend
ein zieren ein abnutzen unserer sehnsucht
hinwerfen innerer überfliegender einstellungen
in einer erlittenen weise orgiastischen lebens
trauer zerschneidet frei treffliche wut
und liebe erwartet ruhig ihre zukunft
innere einsame einige sehnsucht
irrt frei einer auflösung entgegen

über meine gefühle und richtungsgedanken in einer lü-
sternen stadt, wo die zukunft die hineinsicht unserer
rührigen trefflichen vergangenheit erst möglichen
raum gibt.

Kornelius, 2.9.2000

einsicht

ersehnte seheinsichten ereinen
in innerer erdachten weise
urgedachtes in einiger illussion
in eiligen offenen einsichten
nichtert minderer eindruck
ein einfaches kommen
innerer erinnerter eindeutigkeiten
formellos in ereinter hoffnung
neige ich mich ungebeugt im licht
hurtig ordne ich mein eines erinnern
und uneins ereine ich sehen und denken
ein unteilbares schicksal
findet einen eingang ins licht.

Konstantin, 3. 9. 2000

einsichtlich

innert in leidenschaft in innerlichkeit
problemlos undenkbar leicht
einen ruhigen gedankengenuß
ortsgebunden trage ich mein leben
in richtung trefflicher uniformer
innerer einmischungen meiner einfälle
umfluchtet im dasein einer nackten existenz
im ziellosen gaugeln irrer relationen
hingeworfen ins zierende licht
einer mutlosen empirischen einsicht
kulminiert in ein erstes verstehen
ohne umgängliches wissen
imanenter leidenschaftlicher regung

Kornelius, 3.9.2000

eine mich

in einem einzigen richtigen
heiligen augenblick
in einem innigen unteilbaren
trefflichen endzeitpunkt
eine ich meine leidenschaft
mit einer frau,
einer einzigen einigen
anderen weisen frau
aus dem licht geboren
neuerschaffend mich
sehnsucht stillend
einsicht schaffend
und eine mutige
entscheidung treffend
in leidenschaft mit mir.
ellenlang erscheinen
mir die stunden, die tage
bis eine innere leidenschaft
zu mir kommt
mich erfaßt und eint.

Kornelius, 17. 9. 2000

Nach einem Wochenende mit der Katholischen Jugend
in Greifswald

greifswald

innerachtsam
außersichtlich
feindlich im leben
immanent sehnsucht
richtig zu leben.
ein suchen, ein geben
ein freundliches einsehen
ein werben um gunst
erdiente den unersehnten
mißdeutungen
so war ich.
und doch sieben mal sieben
wundersame wunder
erfanden ein sein
inmitten der jugend
so frei und geborgen
so furchtlos und happy
konnte ich lachen und leben.
ein reigen von werden
ergriff meine seele
und ersichtlich die andern.
ich gebe den einsichtlichen dank

froh und demütig euch allen
mit sehnsucht zurück.

Konstantin, 30. 9. 2000

siedendheiß

denken, lenken
nein sagen
nicht denken, gelenkt werden
ja sagen.
dichten, einrichten
einig sein
wut empfinden, neu sich finden
mutig sein.
weite spüren, dich entführen
wachsam sein, tiefe denken
alles schenken.
effiziens mit selber tun
sich bemühen
sachlichkeit mit dadaismus
nimmer ruhn.
ellenlage reden, daumenlange sehnsüchte
dicke versprechungen, bissige bemerkungen
dem trotzen.
singend sehnen wir den vogel
eine blonde nachtigall.
raufend dienen wir dem lichte
einig heilig in dem lauten schall
unsrer worte, eurer worte
taten lächeln launig
eine schwere sünde giert in uns
wir sehnen uns nach mittelmaß.

Konstantin, 10/2000

Für Silvia Keulen

euphorisch erinnere ich mich
eine weise frau zu kennen,
eine schöne frau
in einem gewand glitzernd
und strahlend, unzerstörbar.
in allen regenbogenfarben
schimmert es, leuchtet
und alle kraft erfüllt die,
die es sehen und erfahren.
die kraft kommt
aus dem menschen, der es trägt.
eine fee gibt uns unser glück.

alle wirklich lieben feinen wünsche zum geburtstag
von konstantin

22. 10. 2000

Zu einem »Römertopf-Abend« der Katholischen Jugend

römer, römer, römertopf
ruhig ein zufallstopf
für alle römer,
stellt euch vor
die trefflichen römer
schmoren alle in einem topf.
ein gallier dazwischen
im topf
und sein einfältiges geschrei
unerhört omnipotent
unerhört zudem nicht erlaubt
innert er unerfreuliche kriege
mit den römern
gefechte, gerangel
ein gallier ist stark
und gewitzt
ikkerig gerät er
in einen denkwürdigen topf
in eine lage, tuff
ein oller trefflicher römer
denkt ein gallier ist ein barbar
und ich zertrümmere ihn den schädel
ein anderer römer unerhört
schließt einen bund mit dem gallier.
eine ereinte treffliche gesellschaft
im topf
zuerst ruht unerhört richtig riesig
unerlaubte gegebenheit

dann brodelt der topf
und tief unten
kochen die römer und der gallier
zuunterst ein einfältiger gallier
zuoberst die römer
denkt an die geschichte
alle sind vergangen, zerkocht
und wir laben uns an dem einheitsbrei
details deuten im urschleim der geschichte
maßen wir uns an
was geschah wirklich im topf?

ihr hört jetzt eine nicht ganz ernst zu nehmende
geschichte über einen römertopf
viel spaß. eine wirklich wahre geschichte – so hört!
ein überliefertes erlebnis – so hört!

Konstantin, 13.11.2000

beten

das beten der gebete
ist ein hurtiges beten
ein lautes beten
ein feines beten.
wohlgeformte,
eingedachte,
mitgebrachte
schnell gemachte
unerhörte,
dich betörte ich
mit meinem beten
gott.
hast du mich auch verstanden?
hast du genau hingehört?
wann trifft das ein
worum ich bete?
innerlich ist mein gebet
ein stammeln
äußerlich rinnt es mir
aus dem mund.
die seele, ja, ja die seele
wo ist sie beim beten?
einig, heilig, allgemein
wer betet sucht
wer betet schlingt
wer betet hastet
von wort zu wort.

und da, ganz heimlig
erhöht sich mein sinnen
und ein gebet steigt empor.

Konstantin, 7.12.2000

Vivaldi-Konzert in der Friedenskirche, Potsdam

ich horchte auf die musik und ersah eine große
magische kraft, eine kraft, eine magie, wie ein vulkan
eröffneten sich mir die segensreichen immanenten
gefühle wirklicher leidenschaft. eine leidenschaft, die
um ihrer selbst lebt. ich werde sein ohne dereinst mich
einmal unwürdig zu empfinden. ohne seinsangst.
ein denkwürdiges ereignis für mich. ich werde ein
schaffender sein.

Konstantin, 15. 7. 2001

hurtig erfand ich chaos und kummer neu. ich erzeugte
immanente essentielle unerdachte bilder in meiner
errichteten erfahrung.
ich erneuerte mein inneres erleben und erschauderte
vor der größe heroischen verhaltens. ein denken
nicht um mich selbst, sondern im einklang mit der
geschichte macht den helden.

Kornelius, 15. 7. 2001

der denker

ein kisteneingeferchter mensch
innert wesen und art seiner welt.
ein mensch der weiten welt
innert wesen und art seiner welt.
wer hat recht?
einzig der,
der in seinen gedanken
wirklich frei ist
überfliegt in seinen freien
errichteten einsichten.
und mutig
führt er die werte der welt
eindenklich zu neuer größe.

Konstantin, 18. 10. 2001

der denker

inwendig denkt ein mensch
errichtet eine theorie
was wird aus ihr
wenn er sie entläßt?
inwendig traut er seiner theorie
teilt behutsam mit
doch sie wird gepackt,
verformt, dem zeitgeist angepaßt
und staunend steht er
vor einem zerrbild.
in einer welt
unbekannt dem ersuchenden
erwirbt er neugierde
und ein denken
der einen, der neuen,
der feinen sicht gehorchend
ungebrochen erfreut er sich
dem erkennen
nur mut, ihr gedanken.

Kornelius, 18. 10. 2001

Klassenfahrt nach Weimar

treffliche botschaft im ilmtal

in einer etwaigen zeit
unter trefflichen blüten
in einer undenkbaren zeit
voller klänge zu hauf
tanzt du mit mir
in schwebenden schritten.
ruhig erneuert der wind
seine botschaft und
hurtig trägt der käfer
irdene last durchs gras.
in einer etwaigen zeit
unter dichten regen
umgarnt von den düften
regennassen laubes
erahne ich deine liebe.
in einer neuen zeit
unter einer haube aus sonne
erfülle ich alle deine wünsche
in dankbarkeit.

Kornelius

spaziergang durch weimar

ruhig geht das leben in weimar
ein beschauliches städtchen
ruhig finden die touristen ihre kultur
gerade trifft ein neuer bus ein

ergeben erlaufen tüchtige kulturreisende
die orte der denker und dichter
erinnern sich der werke
von schiller und goethe
teilen die freude an ihrem schaffen
bestaunen das stehpult goethens
den schreibtisch von schiller
»das bett ist so klein«
bemerkt eine dame.
ein einziges streben
findet raum
die touristen wollen wirklich
alles durchsehen.
ihre füße schlagen das pflaster
der engen gewundenen straßen
vorbei an stolzen bürgerbauten und
den häusern der handwerker
die herderkirche reckt ihre türme.
sie eilen zum liszthaus
musik übertönt ihr eifriges suchen
und erstaunt gehen sie weiter zum
kirms-krakow-haus und verhalten
in bürgerlich aufgeklärten wohlstand.
herderhaus, haus von nietzsche,
wittumspalais der herzogin anna amalia
zeugen der zeit
leiten die menschen
erheben die weimarer klassik
zur monumentalen epoche
errichtet in einer kleinen stadt in thüringen

heute durchzogen von strömenden touristen.
gemächlichkeit erlaubt doch jedem touristen
innerlichkeit und erhabenheit
der idee und der schaffensfreude
in sich zu bewahren.
piano und forte in unnachahmlicher manier
kündet ein kodex des denkens
ein dienen dem sehnen nach wahrheit
dem besucher von der ästhetik des geistes.

Kornelius

in suche

in deiner einfalt erniedrigt dein denken
die worte der dichtung zu fahlem stroh.
hinderlich furchen deine gedanken ums handy.
dürre worte der s-m-s durchpflügen den äther,
kein platz für hehre gefühle
gereimt und ins versmaß geronnen.
jetzt und hier fliegen die worte,
die nichtigkeit ist unser triumph.
ergehen auf straßen der miteinander verbundenen
    dichter
mündet in gier nach pizza und disko.
unerdacht ist das geplapper der touristen,
neugierige blicke auf bett und stuhl der genies.
hurtig sammelst du prospekte
und der brave schüler schreibt einen aufsatz.
in einer zeit, in der wir suchen und erwarten
das dauerhafte, immerwährende glück,
übersehen wir ein erhabenes wort auf papier.

Konstantin

beieinander

in trefflicher manier schreiten goethe und schiller
durch die straßen der stadt weimar
die leute schauen
eintracht und gesprächiger ernst
begleiten ihren weg
die teilnahme ihrer personen
am gesellschaftlichen leben der stadt
garantiert den beiden dichtern
ansehen im streben
arbeit ist ihr weg das werk ihr ziel
im dienenden meistern der feinsinnigen verse
erkunden sie die reinheit der sprache.
welche genugtuung ein werk zu vollenden,
das die zeitgenossen begierlich feiern.
hurtig im weben der fäden der zeit
erringen sie dichtung in feiner manier.
großartige gefühle, kritik an der zeit
in ergiebiger sprache voll dichtkunst
gegeben den menschen damals wie heute.
gefunden im leben die beiden freunde
vereint in den herzen der menschen
geheiligt ihr streben durch die reinheit der absicht
finden sie denkend und formend das wort
einlaß in die unvergänglichkeit der dichtkunst
und unsichtbar begleitet sie
der engel der inneren tore zur unsterblichkeit
auf ihrem weg durch die stadt weimar.
ohnmächtig zürnen die geister der finsternis

das böse wird verwoben in verbindende worte
und so gebunden kann es sich nicht befrein
zum schaden der menschen.
der lehre dienend vom guten und reinen
erwirbt ihre dichtung das dienen den menschen.
manch einem gelingt nicht der zugang
in das reich der dichtung
doch ein spiel auf der bühne
unterwirft eines jeden abwehr
und meineid, lüge und nüchternes töten
liebe, leidenschaft, sehnen der herzen
lehren den menschen zu sehen die eigene seele
gefunden die einsicht
verläßt er das spiel und entzündet sein feuer
am denkenden streben der dichter in weimar.

Konstantin

kz buchenwald

ein sonnenstrahl stielt sich im lager
auf das einzige geviert mit grün.
er vereint leben und liebe.
dort, wo die menschen sind,
ist es dunkel und grau.
ein schrei,
dann ist es wieder still.
mutlos schaut
ein gesicht aus der baracke.
unerwartet verschluckt eine wolke
den boten eines anderen lebens
und bleiernes grau
senkt sich wieder ins lager
der hoffnungslosigkeit.

Kornelius

kz buchenwald

innerhalb der mauern
ersehnt ein mensch die sonne,
innerhalb der mauern
ersehnt ein mensch ein lächeln.
eingepfercht an leib und seele
verdirbt der mensch
und mit ihm
verderben die bewacher.
sein ruf nach leben
verhallt ungehört.
unerreichbar ist sein wunsch,
denn hier atmet der tod
und eint weinen mit sterben.
sieben mal sieben achtbare jahre
lebte der mensch unsichtbar dem grauen
in wohlstand und freude.
dann ergriff ihn die sterbende macht
und zog ihn ins sterben mit ihr.
denn macht, die sich so gebärdet,
stirbt und fault schon im beginnen.
innerhalb der mauern
danken wir heutige den toten
ein einsehen in sehnsucht und tot.
wir gedenken, wir behalten
ein waches erleben
und achten auf die mächtigen
rings um uns.

Konstantin

Für eine Ausstellung im Philosophieunterricht, Thema
»Was ist der Mensch?«

was ist der mensch?

unbemerkt und unerkannt
erhob der mensch sich
erstaunt aus dem denken
einer welt,
die unruhig
und in einer erschaffung
der erfüllung ihrer selbst
unweigerlich
in geheimnisse sich begibt,
die der mensch
nicht imstande ist
zu ergründen.
und so vermag er
nur vereinzelt
einen blick
in sich selbst zu tun.
was findet er?
er sieht die schatten
als weigerung
in die realität zu gehen.
er denkt
einen einzigen gott,
er denkt viele götter
er macht sich zum gott
und neigt sein haupt
vor dem besitz.

er unterscheidet nicht
erhaben und nichtig,
mächtig und niedrig,
teilt gut und böse
nach gutdünken
und fordert die krone
der schöpfung zu sein.
innerlich ist der mensch
mutlos und maßlos.
er denkt nicht
im reinen denken
der evolution,
vergißt die gedanken
von generationen
und gründet das eine sein
nicht den gesetzen folgend,
sondern der gier.

Kornelius, 20.11.2001

das ist der mensch

ein mensch ist ein stück natur
erfüllt von geist.
ein stück evolution
angereichert mit zeitgeist.
ein mensch
sucht sucht den ursprung.
das woher, das wohin
sucht er zu ergründen.
warum bin ich?
finde ich mein wachsen,
mein werden?
in mir ist was?
wer richtet über mich?
erdenke ich die welt?
ist sie wie sie mir erscheint
oder verbirgt sie sich?
ist der mensch ein guter?
ist er böse?
oder wertlos
oder weise
oder träge?
inwiefern erfrage ich
die richtigen fragen?
sei es wie es sei,
ein mensch ist ein stück materie.
er ereifert sich
er unterwirft
sich und andere

er erkennt und verwirft
er ordnet und zerstört
er liebt und wacht
über seinen vorteil.
innerlich ist er denken
innerlich ist er widersinnig
der dienenden einsicht.
in seiner zeit
erschafft er sich
jeden tag neu
und vergessen
erlaubt ihm
zu glauben
er sei ein besonderes der natur.

Konstantin, 16. 11. 2001

Nach dem Deutschunterricht zum Thema
»Freie Rhythmen«

ukumi sastert in husum
husum astert mit ukumi
gernot wudelt mit weremi
weremi huselt ukumi
so ist
weremi mit ukumi und gernot
in husum bei musuh
zum wastern.

Konstantin, 31. 1. 2002

imaginiere getreu der linie
linien erfinden gitter
gitter formen den käfig
der käfig sperrt ein
sperrt aus die welt
erdiene die einzige dienstzeit
zeit in der zeit
zeit im wort
wort mit magie.

olo teilt ili
ästhetik des seins
lila irrt täglich
kinästhetik im erhalt
inri drillt ere
und ere faßt olo
rere lügt feri
ilo emkt numo

Konstantin, 15. 2. 2002

Für den Kunstunterricht

m. c. escher: »andere welt II«, holzstich, 1947

ich sehe einen ausschnitt eines turmes, eines
campanile nach italienischem vorbild. ein gebilde,
ein riesig hoher turm muß es sein, ein turm aus einer
anderen welt.
wieso ich das denke? irgendwie suche ich meinen
punkt als betrachter. doch ich finde ihn nicht. meine
ich, ich richte meinen blick von unten in den turm,
hindern mich unnachgiebig feine perspektiven, die mir
einen neuen standort zuweisen. schaue ich von vorn,
fällt womöglich ein fenster mir auf die füße. ich gebe
auf und versenke mich in das wunder aus säulen,
bögen und mauerwerk. fein in parallelen schwarzen
linien mit ganz zarter grauer unterlegung hat er einen
turm gestaltet. fest wirkt er und doch leicht sich
emporschwingend. im mauerwerk sind sechs von
säulen begrenzte bögen, die den blick nach draußen
freigeben, in die nacht. es muß nacht sein, denn
dunkelheit schaut herein, wirkungsvoll kontrastierend
mit dem hellen mauerwerk, das fast aussieht, als würde
es von unten angestrahlt.
erstaunt blicke ich in die nacht. da ist noch eine andere
welt. hat der bau des campanile mich schon in eine
neue welt entrückt, so bin ich jetzt doch fassungslos.
in drei der öffnungen sitzen vögel mit menschen-
köpfen. sie schauen in den turm oder nach draußen.
wer kann das sagen? sie sind von einer festen körper-
lichkeit, was der künstler durch feine, sehr dichte strich

240

parallel zueinander laufend erreicht. bei zwei vögeln
sehe ich ein gesicht mit einem etwas angespannten,
aber freundlichen ausdruck.
in den anderen drei öffnungen hängen hörner, jeweils
mit zwei ketten an haken befestigt. ihre handwerkliche
darstellung ist ähnlich der der fabelwesen.
aber welche welt offenbart sich mir, als ich nach
draußen in die nacht schaue! reicht mein campanile
etwa bis ins all? eine kraterlandschaft erinnert mich
an den mond. durch drei fenster schaue ich auf die
mondoberfläche. sie ist im obersten fenster feinkörnig
in verschiedenen grauabstufungen gestaltet. in der
mitte nahm der künstler strenge linien, teils gekräuselt
um ein plastisches bild der mondoberfläche zu model-
lieren. der himmel darüber ist schwarz und einzelne
sterne, planeten oder spiralnebel leuchten aus ihm
hervor.
ich weiß, das all ist unendlich.
die bildkomposition folgt streng geometrischen regeln,
die jedoch niemals für das ganze bild in der gesamtheit
gelten. für einen bildausschnitt ist alles mathematisch
richtig. doch dann wird das gesetz auf den kopf gestellt
und es gilt nur wieder für eine sequenz. ich erkenne das
spiel und staunend teile ich mit escher das wunder.
mein denken, mein sehen, meine empfindung wird
neu und erinnernd meiner kenntnisse der mathematik
folge ich doch um so freudiger einer anderen welt in
meiner welt. innerlich leuchte ich vor erstaunen, liegt
in mir auch so ein schalk wie in escher?

Kornelius, 5.3.2002

oberwiederstedt

in dem licht eine schattenwelt.
feurig erhebt das licht die schatten,
erneuert das sein.
wechselndes licht schafft
erleuchtung der schatten.
eine neue welt entsteht,
die welt zwischen den welten,
reine sorgsame welt
erschaffen durch die schatten im licht.

ich gehe unter den bäumen
im park des novalis
und sehe seine welt.
die schatten der blätter
schwingen und wiegen
im einbrechenden licht.

ruhig erklärt der park mir
die träume und sehnsucht,
gunst und suchen des kindes.
ein raunen am nahen bache
läßt den dichter sprechen
und froh erfinde ich neue verse
gehuldigt der blauen blume.
ein gelingen des lebens
erdacht und gegeben
ist leben mit schatten im licht.

Kornelius, 17. 7. 2002

heinrich von ofterdingen

undenkbar ein leben ohne das ungewisse
geheimnisvoll legt es sich in den schoß
neue leidenschaftliche liebe gebärend
daeinst die poesie kann wachsen
und formen einmal die innere liebe,
einmal die äußere teilnahme am leben.
in der zeit der verlassenheit
finde ich die blaue blume
und lasse mich im strom mittragen
geschwinde zur quelle der fernen liebe
ein gesichtchen erteilt mir das wissen
um denken und fühlen in der poesie.
ich wachse und erreiche mein innerstes
demütig danke ich der blauen blume
und diene den worten geheimnisvollen
diene dem ungewissen und weiß
um die tiefste innere wahrheit
der einheit von poesie und liebe.

Kornelius

Für den Kunst-Unterricht

spirale – idee mit interpretation und wertung

ein zukunftsrausch zweier liebender soll entstehen.
der anfangspunkt ist die frau, der endpunkt der mann.
auf dem weg erscheinen symbole der liebe. im ach
so strahlenden zentrum erscheinen einfach die
explosionsartigen auswirkungen der liebe. ein weiter
weg wird durch die spirale symbolisiert. ein ahnungs-
voller weg erscheint wieder und wieder.
als symbole wähle ich ein fliegendes paar, eine park-
bank, blumen, einen stern, ein verliebt umschlungenes
paar, einen wald, das meer, jagende wolken, zwei
brennende kerzen. diese werden in collagetechnik
eingefügt. ein ereignisreiches feuriges zentrum
erleuchtet auch als spirale gestaltet den weg der liebenden der sich spiralförmig um das zentrum windet.
den weg gestalte ich mit verschiedenen farben.
ausgehend von der frau grün und vom mann blau.
ineinander fließend, auch abbrechend und die einge-
fügten symbole mal mehr oder weniger grün oder blau
spiralförmig umwindend. denn jeder mit seinen vorstellungen macht sich auf den weg. manchmal stimmen sie überein, manchmal laufen sie parallel, manchmal gibt es einen abbruch, aus dem abbruch entsteht
etwas neues, also eine neue farbe, die manchmal noch
die grundeinstellung grün und blau erkennen läßt.
auch im feurigen zentrum kommt grün und blau vor,
denn erkunden erneuert ein leben und doch hat das
alte bestand.

glanz verleihe ich der spirale durch eingefügte
verschiedene rechtecke aus gold- und silberpapier.
authentizität können die namen der liebenden als
schriftzüge schaffen, die je einmal ziemlich am anfang
jeder figur zu finden sind und im zentrum verschlungen miteinander wieder auftauchen.
ein fest für die sinne, ein rausch der freude soll
das bild ausdrücken. nichts soll bedenklich wirken
oder moralisierend.

Kornelius, 17. 5. 2002

spirale – idee mit interpretation und wertung

ich denke mir eine spirale mit symbolen einer musik,
die ich gerade im konzert gehört habe: anton bruckner,
7. sinfonie e-dur.
die spirale soll den eindrucksvollen voluminösen klang
dieser sinfonie zeigen. sie soll in ihrer farbigkeit das
dunkle der tuben und das wirbelnde tanzende sichtbar
machen. schwer und erhaben wie man sich wagner
vorstellt und leicht und erfrischend wie ein tanz, so
kommen die einzelnen eindrücke daher.
ich gestalte eine große spirale, die relativ eckig verläuft,
den ausgangspunkt am unteren blattrand ungefähr
mittig hat als großes goldenes quadrat aus metallpapier und den endpunkt in dem seitlich nach rechts
oben verschobenen als rechteck in roten metallpapier
gestalteten zentrum hat. die spirale weist vier win-
dungen auf. diese werden den themen der sinfonie

entsprechend aussehen. zuerst dehne ich die erste
windung in ihrer stärke aus wie eine tuba, unterbreche
zu einzelnen auffaserungen und verbinde sie wieder
fest wie ein paukenschlag. das müßte mit farbe und
pinsel gestaltet werden. ich denke mit warmen braun
bis lila, die auffaserungen, die das gesangsartige zeigen
sollen, müßten rosa, gelb, tief blau, violett und hell-
grün sein. ich füge vor der auffaserung in die fünf
»gesangsstimmen« als collage in die windung eine
tuba ein, gerissen und geknüllt aus silberpapier.
am ende der auffaserung kommen in goldenem glanz-
papier halbmonde, 7 stück, wie aufgerissene münder.
in der folge kommt der wirbelnde tanz als dreigliedrige
spirale auf der windung in den farben indigo und
rubinrot. in der spirale sehe ich im zentrum ein tanzen-
des paar, ausgeschnitten aus einer zeitung.
es folgt eine ruhige strecke in grün und dann die viel-
farbige (in allen farben des regenbogens) pompöse
vollendung bis hin zum rechteckig gestalteten zentrum
seitlich oben rechts, das ganz klar und geradlinig
gezeichnet werden muß als kulminationspunkt des
schaffens. ich denke es sollte aus rotem glatten festen
metallpapier bestehen und eine haube aus halben
spiralen in grün, violett, gelb, indigo und rubin tragen.

die spirale sei ein erhellendes abbild der klangkraft der
musik, sie sei ein dichterischer versuch, die musik als
kunstwerk in ein neues kunstwerk umzuformen, und
damit neu erstehen zu lassen.

Konstantin, 17.5.2002

Beschreibung einer graphischen Arbeit

bildteppich

im bildteppich ist ein eindrucksvolles richtungsgebun-
denes hindurchziehen von linien, die sich treffen und
zu geometrischen figuren verbinden, vorherrschend.
in feiner strichstärke errichten linien offensichtliche
netzwerke. intensiv dehnen sie ihre sehr eindringliche
einflußnahme aus dem einzelquadrat in die benach-
barten quadrate aus und geraten gemeinsam zu
einem spannungsreichen muster mit ereignisreichen
zentren.

fein sind die linien und ganz gerade. dicht verlaufen sie
und die überschneidungen lassen neue geometrische
formen entstehen. durch die dichte herrscht ein grau-
eindruck vor. entfernen sich die linien, treten sie auseinander, so richten sich straßen in weiß ein, lediglich
von einem jetzt groben netz von hier endenden linien
unterbrochen. im gegensatz dazu nehmen die linien
in ihrer dichte in den ecken der einzelquadrate so zu,
daß hier spitzen von schwarzen energieanhäufungen
entstehen. spannungsgeladen dehnen sich hierhin die
linien wie fäden, die hier ihren halt finden.
rhythmus im schwingen, doch eigentlich vibrieren
der fäden, denn keine wölbung stört die sichtbare
spannung.
in bildmitte unbedingte leidenschaftliche zentren als
quadrate unterschiedlicher intensität. sie lenken den
blick auf sich und doch folgt der betrachter gern dem

netz, das wiederum zentren bildet durch seine geometrische durchdringung und so an plastizität gewinnt.
ein ereignisreicher bildteppich voller spannung, die die
harmonie überwiegt. mutig erwirbt der betrachter die
strenge und trägt sie als werterhaltende energie mit
sich fort.

Kornelius, 6. 6. 2002

über die dichtkunst

ein dichter eine blume sah
jucheisasa, rief er
was hab ich da
dünkts mir die blaue
daß ich mal schaue
jucheisasa
ein verschen hier
ein verschen da
jucheisasa
ein dichter hat es leichte
sind die worte auch seichte
jucheisasa
es stört mich nicht
verschlossen ist der sinn
der blume mir
der blauen.
jucheisasa
ich werd dem geld
vertrauen.
ups jetzt ist sie fort
mein fuß steht jetzt
an ihrem ort.
jucheisasa.

Kornelius, 20. 7. 2002

in einem erfundenen land
zwischen himmel und meer
erdenkt unser sinn
eine einzige weiße dräuende untiefe
furcht und sehnen setzen ihren fuß
in dieses land
erfinde ein land zeitenlos und in der zeit
zerfließend und ruhend
furcht ist neu ist gebunden
furcht ist drängend und
ist gerichtet ins innere denken
ein land so erdnah so fern
zwischen himmel und mut
jubelnd erneuert die nächtliche gier
nach leben im morgen
ihr meisterliches streben
aufschwingt sich siedendes denken
und form wird das land
teil meiner entwürfe
rindet es den kern gunsterweisend
frei teil einer sendung
teil einer ahnung erwirbt der geistige ursinn
die fülle irdener schwere
erachtend den himmel
gebunden furchen die wunder
den weg ins erinnern
holen geheimnis ans licht
lindern die dehnbaren qualen
erdienen den himmel.

Kornelius, 18. 8. 2002

sehnsucht

in einem park hör ich ein rauschen
durch die bäume geht der wind
frei dreh ich der welt den rücken
froh geh ich den weg dahin

dehne wohlig meine glieder
dehne weit mein herz zu dir
finde frohe liebeslieder
wünsche dich herbei zu mir.

ahnungsvoll erschauern lüfte
treiben deine sehnsucht her
freudig atme ich die düfte
doch das auge bleibet leer.

konnt ich nicht behende fangen
deine liebe mit genuß
muß ich immer weiter bangen
was mir bleibt ist nur verdruß.

Kornelius, 1.9.2002

schatten im licht

in eine einzige sehnsucht
dehnt sich meine seele.
die schatten suchen das dunkel
leicht ist ein leben im licht.
fast hoff' ich, zu versinken im dunkel
das licht erreicht mich nicht.

da geh' ich in die fremde
und suche das licht
und siehe, die schatten
erreichen mich nicht.

eine einzige sehnsucht
dehnt meine seele
entrinnen der fremde
die heimat erreichen
mit schatten und dunkel
die seele trägt mein licht.

Kornelius

in memoriam novalis

mit einem seufzer fliehe ich die nacht
neigung und streben zunichte sie macht.
erfinde ich regeln, ersuche ich wissen,
so möchte ich doch mein träumen nicht missen.
das messen und wägen, gesetze auslegen,
feinsinnige verse die seele bewegen.
die innige liebe nimmt mir zweimal der tod,
ich sehne mein leben im morgenrot.
die kindheit gab trost und würde mir ein,
die lehre des bergbaus erwies sich als rein.
mit ihr überwand ich krisen und not,
sie gab mir freude, arbeit und brot.
doch der weise quell war die philosophie,
sie wies mir den weg und irrte nie.
mein leben ins dunkel, mein leben fürs licht
ich träumte und zagte, doch verlor ich mich nicht.

Konstantin, 14.7.2002

poesie

unerwartet, unerkannt,
in einer goldnen stunde
fällt das wort –
noch unbenannt.
ach so wiegend,
leise schwingend,
läßt es meine seel'
erklingen.

laß dich nieder,
gib mir rat.
in einer goldnen stunde
schreite ich zur tat.
forme worte,
schmiede verse
lege euch
mein leben dar.
suche mich
und finde dich.

unerkanntes wort,
erreiche meine seele,
erlöse mich.
ungenanntes wort
sieh, wie ich mich quäle.
leise schwirrend bist du da,
und ich fliege, fliege,
freudig seufzend
fliege ich dir nach.

Konstantin, 6/2002

am meer

erinnere dich
an das licht am meer
an die farbe der wellen
das klirren der kiesel
einhellig
einssein mit dem licht
einssein mit dem wind
erinnere dich
an die sehnsucht nach dem meer
richte den blick nach innen
ersehne das licht
erspüre den wind
und die kiesel klirren
am meer

Konstantin, 17.2.2002

PIPER

Radek Knapp
Papiertiger

5 Episoden. Ca. 144 Seiten. Gebunden

Nach seinem filigranen Roman »Herrn Kukas Empfehlun-
gen« erzählt Radek Knapp auch in seinem neuen Buch die
Geschichte eines tragikomischen, zutiefst sympathischen
Helden, der auf der Suche nach seiner Berufung ist.
Aber was fängt man an, wenn man die ersten zwei Jahrzehnte
seines Lebens sorglos zugebracht hat? Walerian folgt seiner
Intuition, die ihm dringend vom eingeschlagenen Astronomie-
studium abrät. Vielleicht sollte er schreiben? Angesichts
besorgniserregender Finanzen arbeitet er einstweilen als Kran-
kenpfleger und Weihnachtsengel, »weiß Gott, warum er
sich so entschieden hatte«. Bis eines Tages das Kuvert eines
Verlegers in seinem Briefkasten liegt, sein Manuskript sei
großartig. Damit ändert sich Walerians Leben schlagartig:
Kein Glücksritter würde die Gunst der Stunde und die
schöner Bewunderinnen ausschlagen! Aber ist der Erfolg
Walerians wahre Berufung? – »Papiertiger«, die Geschichte eines Optimisten, der vorübergehend zum Pessi-
misten wird.

01/1258/01/L